DON BOSCO
VERLAG

Elisabeth Wagner

Quacki, der kleine freche Frosch

37 lustige Klanggeschichten für Kinder von 3–8

Don Bosco Verlag

Die Deutsche Bibliothek – CIP-Einheitsaufnahme

Wagner, Elisabeth:
Quacki, der kleine freche Frosch :
37 lustige Klanggeschichten für Kinder von 3–8 / Elisabeth Wagner.
– 10. Aufl. – München : Don-Bosco-Verl., 1998
ISBN 3-7698-0622-0

10. Auflage 1998 / ISBN 3-7698-0622-0

Umschlag und Illustrationen: Felix Weinold, Schwabmünchen
Grafische Notationen nach Entwürfen der Verfasserin:
Alex E. Schmid, Penzberg
Gesamtherstellung: Don Bosco Grafischer Betrieb, Ensdorf

Inhalt

Unsere Autorin, Elisabeth Wagner, in Aktion

Liebe Leserin, lieber Leser!

Quacki, der kleine freche Frosch – das sind Klanggeschichten für 3- bis 8jährige Kinder. **Jede(r)** Kindergartenerzieher(in), **jede(r)** Grundschullehrer(in) und **jede(r)** Erzieher(in) ist nach den einfachen grafischen Notationen in der Lage, diese Geschichten musikalisch umzusetzen.
Die Klanggeschichten sind in ihrem Aufbau einfach und übersichtlich. Der Inhalt ist leicht verständlich, anregend und nachvollziehbar. Durch die Verklanglichung werden die einzelnen Geschichten lebendig, so daß Kindern der Inhalt nicht ohne Instrumentenbegleitung vorgestellt werden sollte.
Die vorgelegten Einheiten sind keine starren Stundenbilder. Je nach Anzahl der Kinder, Raumsituation und vorhandenen Instrumenten lassen sich die Geschichten problemlos auf die Gruppensituation abstimmen.

Tips zum Begleiten von Klanggeschichten

Einführung

Zu Anfang sprechen Sie am besten mit den Kindern über das Leben der Tiere und Personen, die in der Geschichte vorkommen. Als Vorstellungshilfe verwenden Sie Bilder oder Zeichnungen. Das ist für dreijährige Kinder besonders wichtig.

Bewegung der Kinder mit Bewegungsbegleitung

Die Kinder sollten zuerst versuchen, die Tiere durch Bewegungen darzustellen. Dabei begleiten Sie zunächst die Bewegungen bereits mit den entsprechenden Instrumenten, die den Personen oder Tieren zugeordnet werden.

Das Verklanglichen der Geschichte

Die Verklanglichung der Geschichte ist eine Weiterführung des Bewegungsspiels. Sie erzählen die Geschichte und spielen dazu das passende Instrument. Dann wird die Geschichte noch einmal erzählt und von den Kindern auf den Instrumenten begleitet.
Wer die Geschichte erzählt, muß nach jedem Abschnitt auf eine genügend lange Erzählpause achten, damit das Kind Zeit hat, auf dem Instrument zu spielen.

Darstellungsspiel

Sie oder ein Kind erzählen die Geschichte. Einige Kinder spielen auf den Instrumenten, die anderen versuchen den Ablauf der Geschichte darzustellen. So wird die Klanggeschichte ausgespielt und vertieft.

Es können dabei 10–25 Kinder in das Geschehen miteinbezogen werden. Die Kinder sollten die Instrumente, die sich zum Verklanglichen eignen, auch spielen können.

Viel Freude und Erfolg
Elisabeth Wagner

Verwendete Instrumente

Xylophon

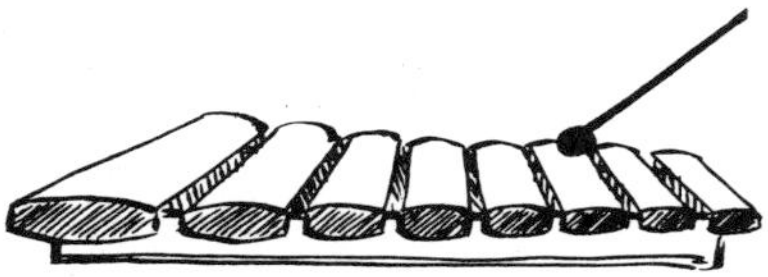

Metallophon

Glockenspiel

Fingercymbeln

großes Becken

Triangel

Rassel

Schellenkranz

Schellentrommel

Holzblocktrommel

Wooden Agogo

Röhrentrommel

Flötenkopf

Stielkastagnetten

Klanghölzer

Handtrommel

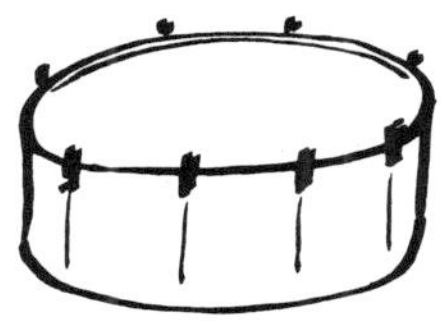

Pauken

Bongo

Quacki,
der kleine freche Frosch

Bewegungen der Kinder		**Bewegungsbegleitung**
wie Frösche hüpfen	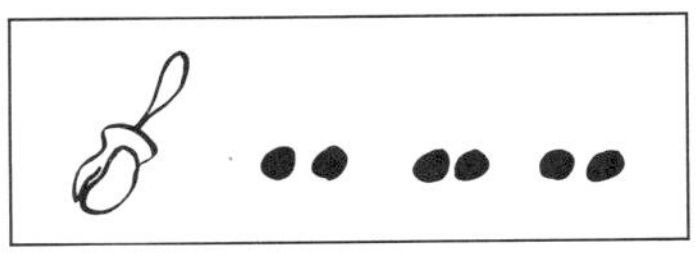	*Stielkastagnetten*
wie Kühe fressen und stampfen	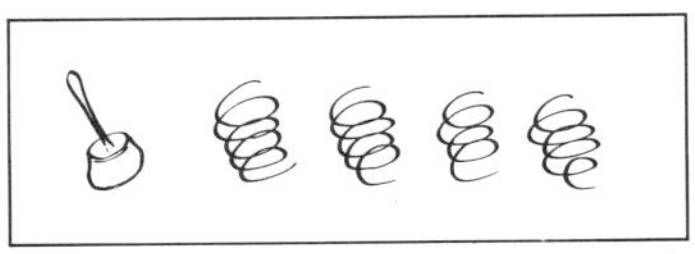	*Rassel*
wie Pferde galoppieren	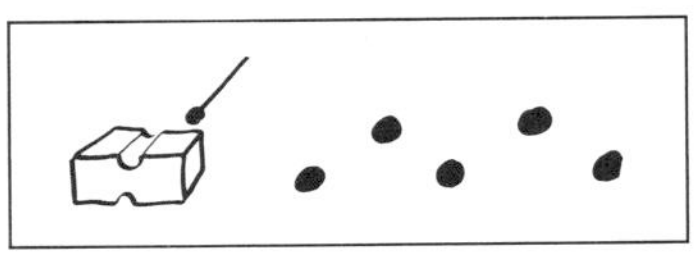	*Röhrentrommel oder Wooden Agogo*
wie Störche klappern und stelzen	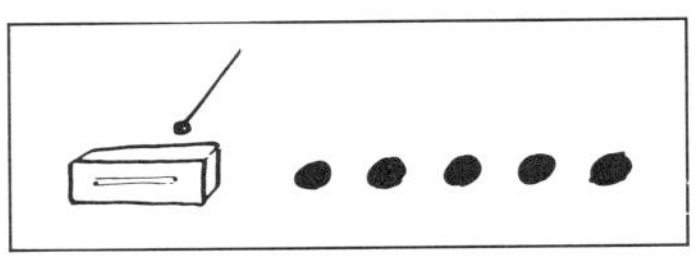	*Holzblocktrommel*

Es war einmal ein kleiner grüner Frosch. Er lebte in einem kleinen grünen Teich. Eines Tages quakte der Frosch: »Quak, quak, ich möchte mir eine dicke fette Fliege fangen. Die Fliegen hier sind mir viel zu klein.« Und er hüpfte auf die Wiese.

Dort stand eine Kuh. »Du Kuh«, fragte der Frosch, »weißt du, wo es fette Fliegen gibt? Quak, quak!« Aber die Kuh schüttelte den Kopf und fraß das Gras.

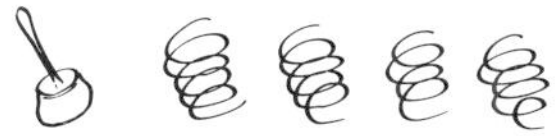

Da hüpfte der Frosch weiter.

Es begegnete ihm ein Pferd. »Du Pferd«, fragte der Frosch, »weißt du wo es fette Fliegen gibt? Quak, quak.« Aber das Pferd galoppierte davon.

Da hüpfte der Frosch weiter.

Plötzlich hörte er ein lautes Klappern.

Ein Storch stelzte auf der Wiese. Als der kleine Frosch den Storch hörte, hüpfte er, so schnell er konnte, in seinen kleinen grünen Teich zurück.

Er war froh, daß ihn der Storch nicht gesehen hatte, und war nun auch mit den kleinen Fliegen zufrieden, die ihm sehr gut schmeckten.

In einem wunderschönen Garten

Bewegungen der Kinder		Bewegungsbegleitung
wie Bienen und Schmetterlinge fliegen	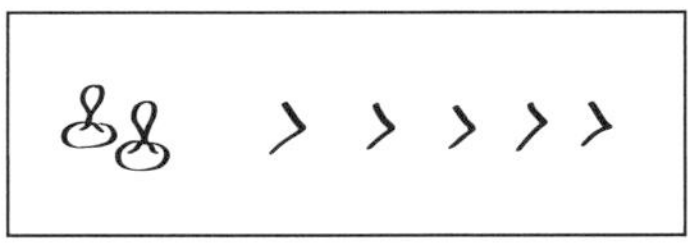	*Fingercymbeln*
wie Schnecken kriechen	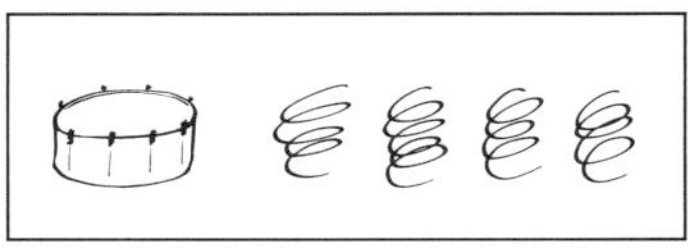	*Trommel (gerieben)*
wie Amseln fliegen und picken	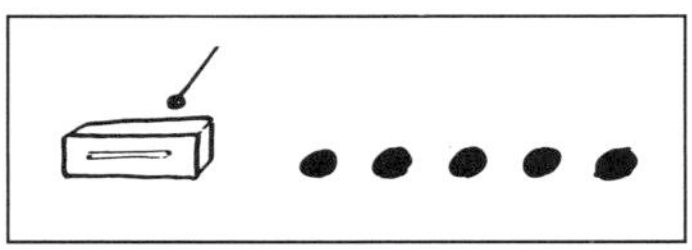	*Holzblocktrommel*
wie Igel krabbeln		*Rassel*

Das Fressen der Raupe wird durch das Reiben auf dem *Wooden Agogo* verdeutlicht.

In einem wunderschönen Garten, in dem es viele bunte Blumen und Obstbäume mit süßen Früchten gab, stand ein kleines Haus. In dem Haus wohnte Frau Glücklich. Sie arbeitete jeden Tag in ihrem Garten. Wenn sie müde war, legte sie sich in den Liegestuhl und beobachtete die Tiere, die ihren Garten besuchten.

Da flogen viele Bienen und Schmetterlinge von einer Blume zur anderen.

Eine Schnecke kroch zum Salat und knabberte an einem großen Blatt.

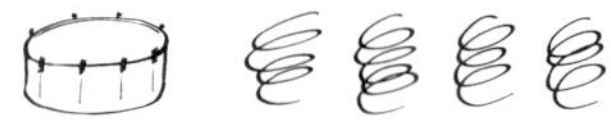

Dort beim Apfelbaum fraß sich eine kleine Raupe durch einen unreifen Apfel,

und eine Amsel flog zum Kirschbaum und pickte an einer roten Kirsche.

Gegen Abend hörte Frau Glücklich im herabgefallenen Laub ein Rascheln. Sie lief hin und sah einen kleinen Igel, der sich gerade verstecken wollte. Frau Glücklich freute sich, daß sich die Tiere in ihrem Garten so wohlfühlten.

Frühling im Gebirge

Bewegungen der Kinder		Bewegungsbegleitung
wie Murmeltiere spielen und Männchen machen	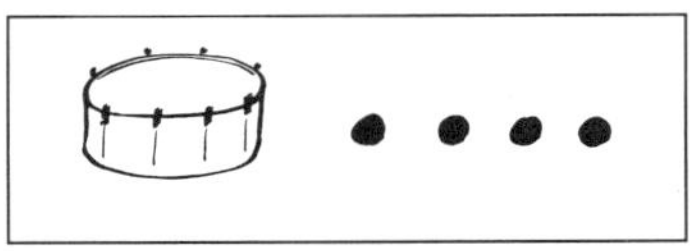	*Handtrommel*
wie Mäuse trippeln	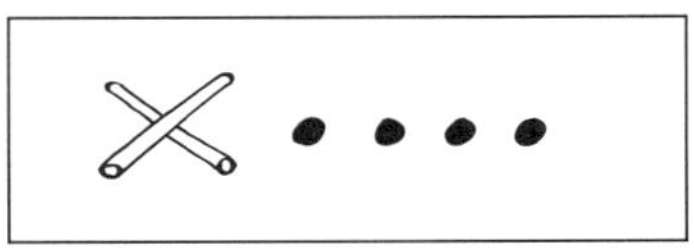	*Klanghölzer*
wie Gemsen klettern	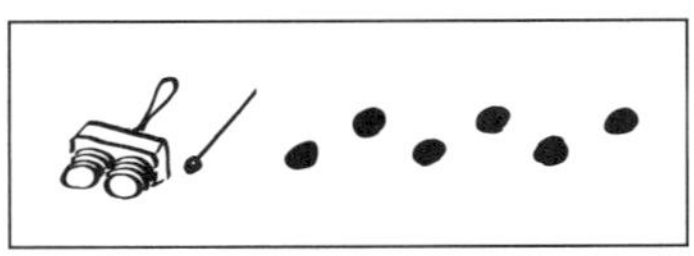	*Wooden Agogo*
wie Adler fliegen	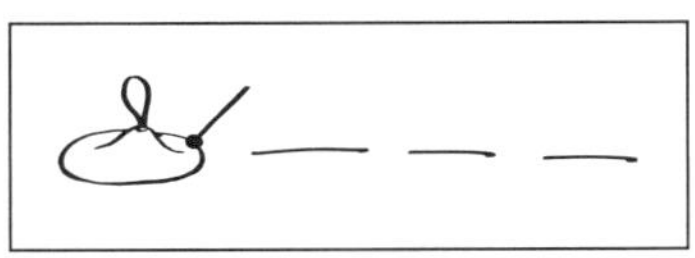	*großes Becken*

Das Donnern der Lawine wird durch das Spiel auf den *Pauken* verdeutlicht.
Das Fließen der Bäche wird durch das Spiel auf dem *Xylophon* (Glissando) verdeutlicht.

Es war April. Die Sonne beschien mit ihren warmen Strahlen die schneebedeckten Berggipfel.

Die Wärme spürten auch die Murmeltiere. Sie krochen aus ihren Höhlen und spielten im weichen Schnee.

Die Schneemaus trippelte in ihren Schneegängen und fraß die frischen, gelben Blumenzwiebeln, die ihr besonders gut schmeckten.

Die Gemsen liefen über die Schneefelder und kletterten auf die höchsten Felsvorsprünge.

Ein Adler zog hoch am Himmel seine Kreise.

Plötzlich hörten die Tiere ein Krachen und Rauschen. Eine Lawine hatte sich vom Berg gelöst und donnerte übers Schneefeld.

Schnell verkrochen sich die Murmeltiere wieder in ihre Höhlen.

Die Gemsen brachten sich in Sicherheit.

Nur der Adler ließ sich nicht stören und zog weiter seine Kreise am Himmel.

Langsam schmolz der Schnee, und viele Bäche flossen ins Tal.

Dort blühten bereits die ersten Frühlingsblumen, und die gelben Forsythiensträucher leuchteten in der Sonne.

Fipsi, die kleine Maus

Bewegungen der Kinder		**Bewegungsbegleitung**
wie Mäuse trippeln	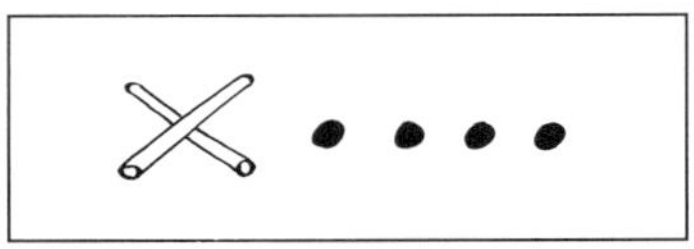	*Klanghölzer*
wie Kühe stampfen	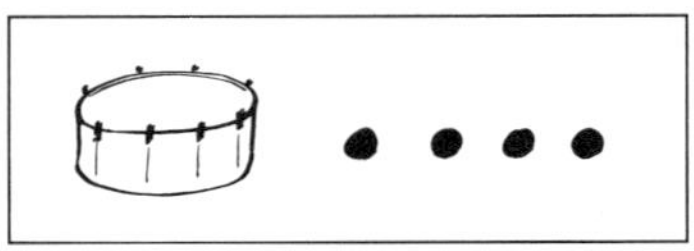	*Trommel*
wie Pferde galoppieren	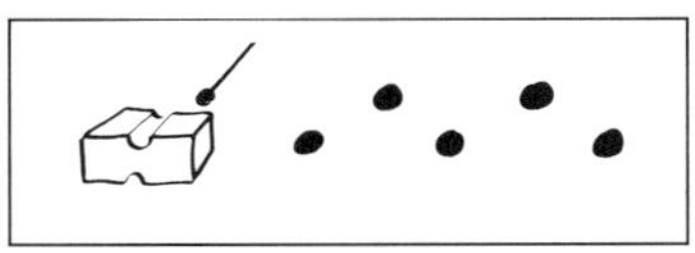	*Röhrentrommel oder Wooden Agogo*
wie Schweine im Schlamm wühlen		*Rassel*
wie Katzen schleichen	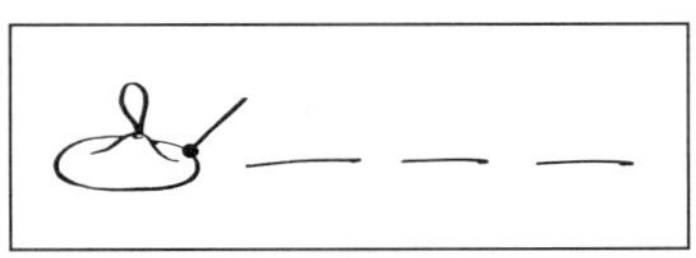	*Becken*

In einem Bauernhof lebte eine kleine graue Maus mit Namen Fipsi. Sie saß jeden Tag in ihrem Mauseloch und knabberte Körner.
Eines Tages bekam Fipsi großen Appetit auf Käse, und sie machte sich auf den Weg, welchen zu suchen.

Auf der Wiese stampfte die Kuh Luise vorbei.
»Halt, halt«, rief Fipsi, »weißt du, wo es guten Käse gibt?«
Aber die Kuh schüttelte ihren Kopf und stampfte davon.

Fipsi trippelte weiter.

Das Pferd Sausewind galoppierte an Fipsi vorbei.
»Halt, halt«, rief die Maus. »Weißt du, wo es guten Käse gibt?« Aber das Pferd galoppierte weiter.

Fipsi trippelte weiter.

Sie kam zum Schweinestall, in dem Grunz, das Schwein, gerade im Schlamm wühlte.

»Halt, halt«, rief Fipsi. »Weißt du, wo es guten Käse gibt?« Aber das Schwein schüttelte seinen Kopf und wühlte weiter im Schlamm.

Endlich roch Fipsi Käse. Sie trippelte dem Geruch nach.

Er führte sie in die Speisekammer, in der sie die zwei großen grünen Augen einer Katze erblickte, die in der Speisekammer herumschlich.

So schnell Fipsi laufen konnte, ließ sie in ihr Mauseloch zurück. Dort fand sie noch viele Getreidekörner, die ihr von nun an viel besser schmeckten.

Der Hase Hoppel sucht ein Haus

Bewegungen der Kinder		**Bewegungsbegleitung**
wie Hasen hoppeln	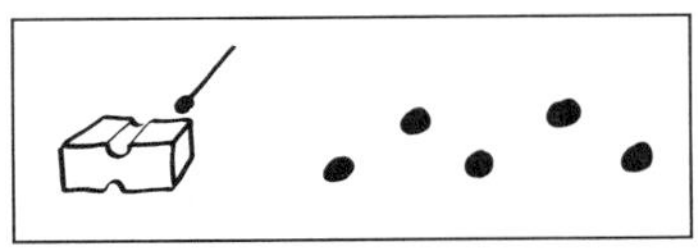	*Wooden Agogo oder Röhrentrommel*
wie Mäuse trippeln	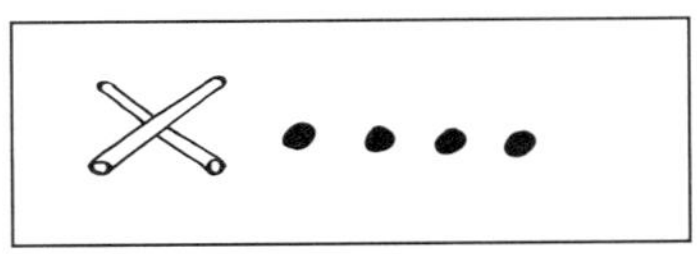	*Klanghölzer*
wie Vögel fliegen	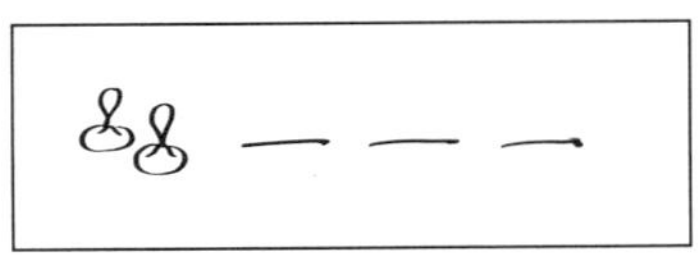	*Fingercymbeln*
wie Kühe stampfen	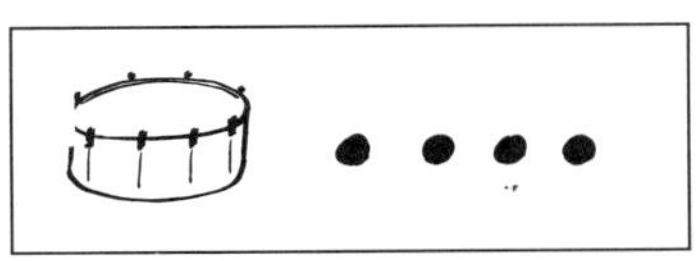	*Handtrommel*

Der Sonnenaufgang wird durch das Spielen auf dem *großen Becken* verdeutlicht.

Hoppel war ein Hase. Hoppel sah auch so aus wie ein Hase, aber er war trotzdem anders. Er wollte nicht wie alle Hasen in einer Erdhöhle wohnen. »Ich wünsche mir ein Haus mit Aussicht, aber es muß warm und gemütlich sein.« Er hoppelte übers Feld. Aber nirgends fand er ein Haus, wie er es sich wünschte. Da bat er seine Freunde, ihm zu helfen.

Als erste kam die Maus.

»Ich habe ein Haus für dich gefunden, komm mit!« Hoppel folgte ihr. Die Maus führte ihn zu einem Mauseloch. »Hier kannst du wohnen«, sagte sie. Hoppel schüttelte seinen Kopf. »Das geht nicht«, sagte er, »es ist viel zu klein.«

Er hoppelte weiter

und kam zu seinem Freund, dem Spatz. »Ich hab' ein Haus für dich gefunden«, zwitscherte der Vogel und flog weg.

Hoppel folgte ihm. Der Spatz führte ihn zu einem Nest. »Hier kannst du wohnen«, zwitscherte der Vogel. Hoppel sagte traurig: »Danke, aber es ist mir viel zu hoch oben.« Traurig hoppelte der Hase weiter.

Da traf er eine Kuh. »Ich hab' ein Haus für dich gefunden«, sprach die Kuh und stampfte zum Kuhstall.

Hoppel lief hinterdrein. »Hier kannst du wohnen«, meinte die gutmütige Kuh. »Danke«, sagte Hoppel, »aber hier habe ich keine Aussicht.«

Er suchte weiter und fand ein Nest aus Gras. Darin schlief er besonders gut. Es war schön weich und warm.

Am nächsten Morgen ging die Sonne auf, und er hatte die schönste Aussicht.

Mohrle entdeckt den Bauernhof

Bewegungen der Kinder		Bewegungsbegleitung
wie Katzen schleichen	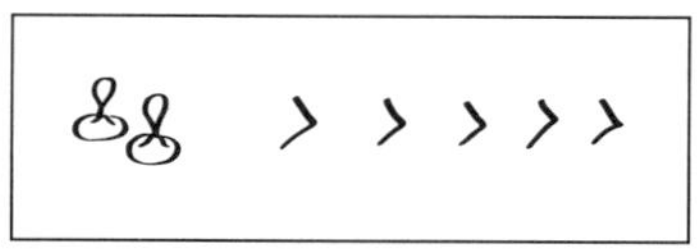	*Fingercymbeln*
wie Hühner flattern und gackern	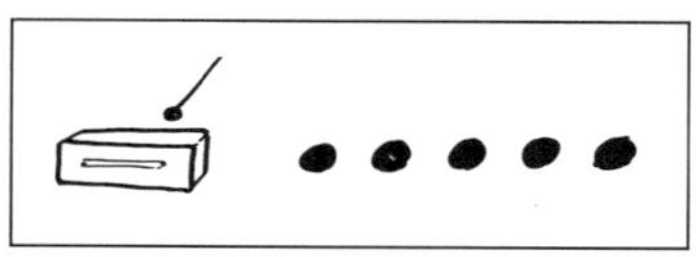	*Holzblocktrommel*
wie Kühe stampfen	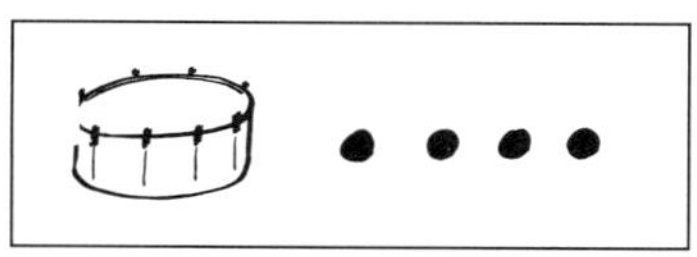	*Trommel*
wie Pferde galoppieren		*Röhrentrommel oder Wooden Agogo*
wie Mäuse kribbeln und krabbeln		*Rassel*

Auf einem Bauernhof lebte eine junge Katze. Sie hieß Mohrle. Eines Tages beschloß Mohrle, den Bauernhof kennenzulernen, und lief aus dem Haus.

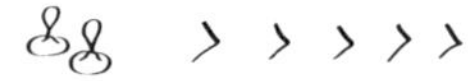

Zuerst kam sie zum Hühnerstall. Als sie hineinschaute. begannen die Hühner aufgeregt zu flattern und zu gackern.

Da erschrak Mohrle und lief davon.

Nun schlich sie beim Kuhstall vorbei. Die Kühe stampften unruhig und schauten Mohrle mit großen Augen an.

Da erschrak Mohrle und lief davon.

Sie kam auf eine Wiese und wollte sich in der Sonne ausruhen. Plötzlich galoppierten Pferde an ihr vorbei.

Nun lief Mohrle, so schnell sie konnte, zum Haus zurück.

Im Keller hörte sie ein Kribbeln und Krabbeln.

Ein Mäuschen saß vor seinem Mauseloch. Aber als das Mäuschen die Katze sah, verschwand es, so schnell es konnte.

Mohrle hörte die Stimme der Bäuerin: »Mohrle!« Schnell lief Mohrle zu ihr hin und trank eine Schale Milch.

»So ist es brav«, sagte die Bäuerin und streichelte Mohrle übers Fell.

Der Hase Stupsi sucht den Frühling

Bewegungen der Kinder		**Bewegungsbegleitung**
wie Hasen hoppeln		*Wooden Agogo*
wie Rehe traben		*Holzblocktrommel*
wie Füchse schleichen		*Handtrommel*
wie Spatzen fliegen		*Fingercymbeln*

Auf einem großen Feld in der Nähe eines Waldes lebte ein Hase. Sein Name war Stupsi. Den ganzen Winter hoppelte er auf seinem schneebedeckten Feld herum. Kein Grashalm guckte hervor. Er knabberte von den Bäumen die Rinde und kleine Äste ab. Stupsi dachte: „Der Winter ist mir schon zu lang, ich suche den Frühling.« Und er hoppelte los.

Da traf er ein Reh. Es trabte futtersuchend herum.

»Ist dir der Winter auch schon zu lang?« fragte Stupsi. »Komm mit mir, wir suchen den Frühling!« So hoppelte Stupsi voran,

und das Reh trabte hinterdrein.

Da trafen sie den Fuchs, der unruhig umherschlich.

Stupsi fragte den Fuchs: »Ist dir der Winter auch schon zu lang? Komm mit uns, wir suchen den Frühling!« Stupsi hoppelte voran,

das Reh trabte dahinter,

und der Fuchs schlich hinterdrein.

Da trafen sie einen Spatz. Stupsi fragte: »Ist dir der Winter auch schon zu lang? Komm mit uns, wir suchen den Frühling!« – »Ich hab' den Frühling schon gesehen«, piepste der Spatz. »Komm mit, ich will ihn euch zeigen.« Nun flog der Spatz voraus.

Dann hoppelte der Hase,

das Reh trabte dahinter,

der Fuchs schlich hinter dem Reh.

Der Spatz führte sie an den Rand des Waldes, dort hatte die Sonne schon ein Stückchen Schnee weggeschmolzen, und ein Schneeglöckchen blühte. Da freuten sich die Tiere.

Das kleine Krokodil aus Afrika

Bewegungen der Kinder		**Bewegungsbegleitung**
wie Krokodile gähnen		*Fingercymbeln*
wie Krokodile kriechen	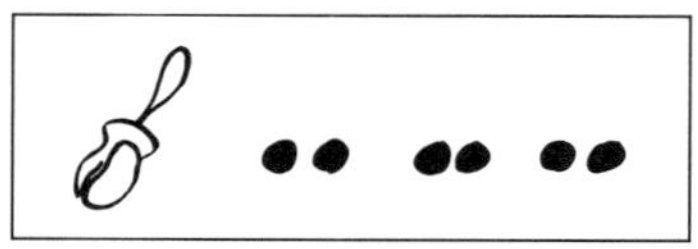	*Stielkastagnetten*
wie Löwen trotten	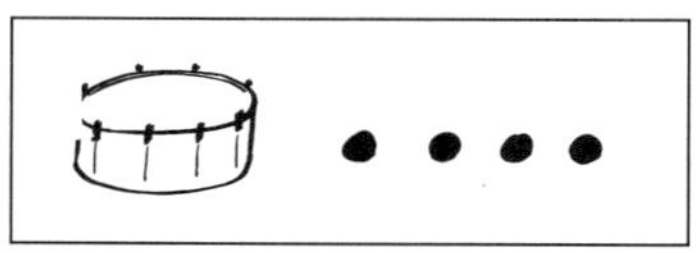	*Handtrommel*
wie Zebras traben	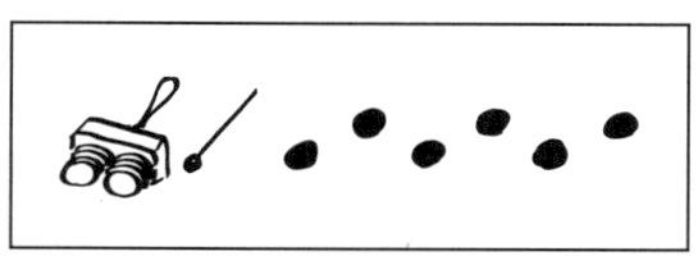	*Wooden Agogo oder Röhrentrommel*
wie Krokodile schwimmen	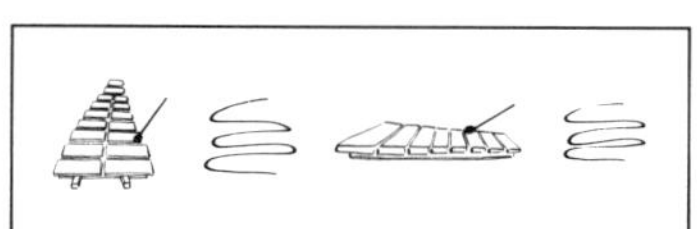	*Glockenspiel Metallophon*

Das Rascheln des dürren Grases wird durch das Spiel auf der *Kugelrassel* verdeutlicht.

Am Ufer eines großen Flusses lag faul im Sand ein Krokodil. Wenn es gähnte, dann blitzten seine spitzen Zähne in der Sonne.

Neben ihm lag sein Junges. Es war klein, braun und sehr unruhig. Es krabbelte hin und her. »Ich möchte schwimmen!« sagte es, aber die Krokodilmama döste weiter. »Ich find' auch allein zum Wasser«, dachte das kleine Krokodil und machte sich auf den Weg.

Es kroch durch das hohe, dürre Gras.

Dort begegnete ihm ein Löwe, der auch langsam zum Wasser trottete.

»Hallo, kleines Krokodil, wo willst du hin?« fragte der Löwe. »Ich will schwimmen!« rief das Krokodil und kroch weiter.

Da traf es ein Zebra. Es trabte auch zur Wasserstelle.

»Hallo, kleines Krokodil, wo willst du hin?« fragte das Zebra. »Ich will schwimmen!« rief das Krokodil und sprang – schwups – ins Wasser.

Dort tauchte es bis zum Grund und schlug im Wasser sogar Purzelbäume.

Als es wieder auftauchte, sah es am Ufer seine Krokodilmama, die ihrem Jungen gefolgt war. Nun tauchten und spielten alle beide im Wasser, und die anderen Tiere schauten ihnen vergnügt zu.

Die Maus Tipsi will tanzen

Bewegungen der Kinder		**Bewegungsbegleitung**
wie Mäuse trippeln	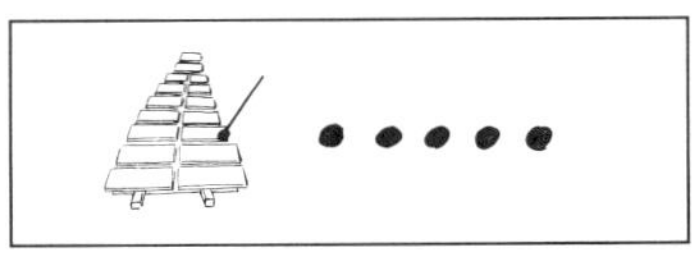	*Glockenspiel*
wie Käfer krabbeln	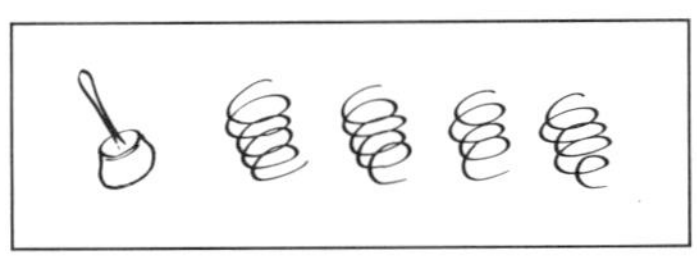	*Rassel*
wie Bienen fliegen	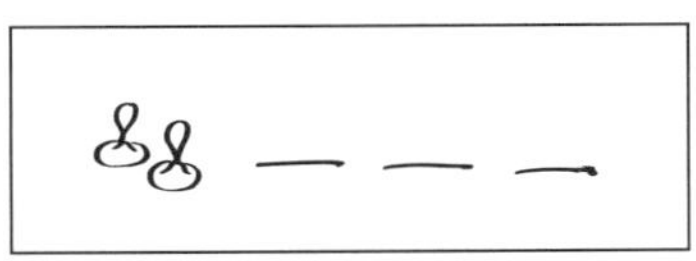	*Fingercymbeln*
wie Regenwürmer kriechen	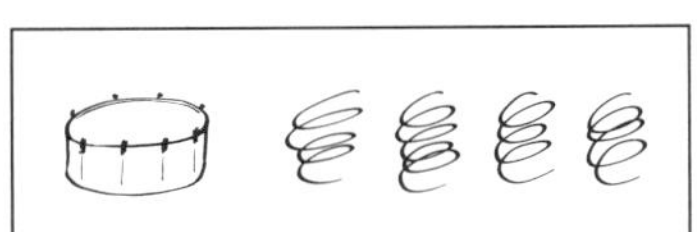	*Handtrommel (gerieben)*

Das Ticken der Uhr wird durch das Spiel auf dem *Wooden Agogo* verdeutlicht.

Tipsi saß in ihrem Mauseloch und langweilte sich. Sie dachte: »Draußen scheint die Sonne so schön, ich möchte gern tanzen.« Aber sie hatte keine Musik. Sie lief zu ihrem Freund, dem Käfer.

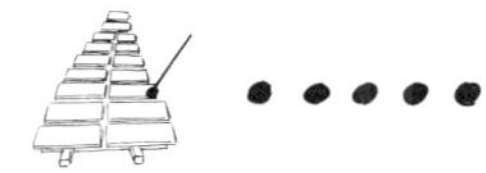

Der krabbelte zufrieden im Gras.

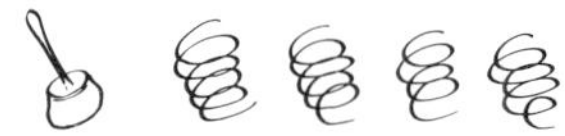

»Ich möchte gern tanzen, kannst du für mich Musik machen?« fragte die Maus. »Ich hab keine Zeit, für dich Musik zu machen, ich muß Futter suchen!« antwortete der Käfer und krabbelte weg.

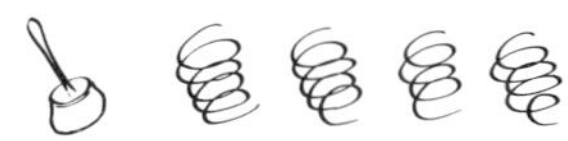

Tipsi trippelte weiter

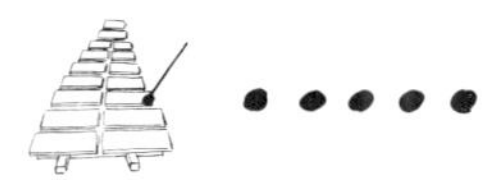

und kam zu einer Biene. Die Maus fragte: »Ich möchte gern tanzen, kannst du für mich Musik machen?«
Die Biene summte: »Ich hab keine Zeit. Siehst du nicht, daß ich Honig sammle?«

und flog zur nächsten Blume.

Tipsi begegnete einem Regenwurm, der gerade aus der Erde kroch. Sie fragte: »Ich möchte gern tanzen, kannst du für mich Musik machen?«
Der Regenwurm gab keine Antwort und arbeitete weiter.

Tipsi lief zum Haus zurück.

Plötzlich hörte sie Musik! Tick-tack, tick-tack ...

Sie kam ins Wohnzimmer und stand vor einer großen Wanduhr. Tick-tack, tick-tack ... das gefiel der Maus, und sie tanzte dazu.

Die Bärenfreunde

Bewegungen der Kinder		**Bewegungsbegleitung**
wie große Bären tapsen – hüpfen – laufen – rollen		*Pauken*
wie kleine Bären tapsen – hüpfen – laufen – rollen		*Bongo*
wie Bären im Wasser spritzen		*Schellentrommel*

Die Jäger werden durch das Spielen auf dem *Wooden Agogo* verdeutlicht.

In den Wäldern Kanadas lebten zwei Freunde. Ein großer Bär und ein kleiner Bär.
Der große Bär beschützte den kleinen und lehrte ihn einige Dinge, die für Bären wichtig sind. Klettern, fischen und Nahrung suchen.
Aber am liebsten spielten sie miteinander. Der große Bär rollte langsam einen Grashügel hinunter.

Der kleine Bär ganz schnell.

Unten angekommen hüpften sie um die Wette. Der große Bär machte lange, weite Sprünge,

der kleine hüpfte um so schneller.

Wenn sie Fische fingen, tapste der große Bär mit seinen Pfoten ins Wasser,

der kleine blieb am seichten Ufer und spritzte seinen Freund an.

Endlich erwischte der große Bär einen Fisch, den er mit dem kleinen Bären teilte.

Eines Tages kamen Jäger in den Wald.

Da liefen die Bären – der große mit großen Schritten

und der kleine Bär mit kleinen Schritten – in ihre schützende Bärenhöhle. Dort warteten sie, bis die Gefahr vorbei war und sie wieder unbekümmert spielen konnten.

Weit draußen im Meer …

Bewegungen der Kinder		Bewegungsbegleitung
wie Fische schwimmen	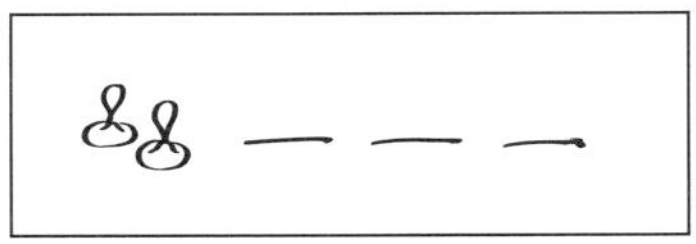	*Fingercymbeln*
wie Seeanemonen die Arme schwingen		*Becken*
wie Muscheln sich öffnen und schließen	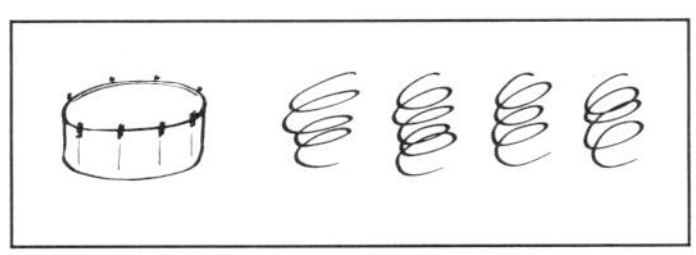	*Trommel (gerieben)*
wie Seepferdchen wippen	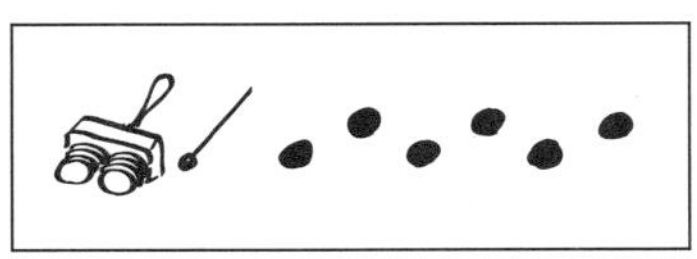	*Wooden Agogo*
wie Krebse rückwärts kriechen	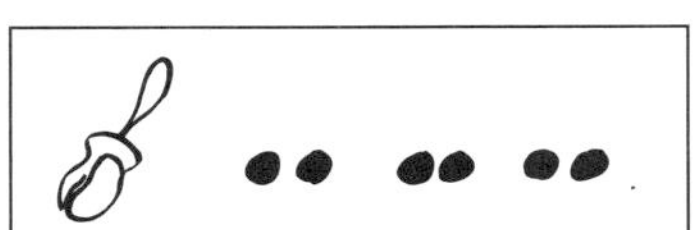	*Stielkastagnetten*

Die Fischschwärme werden durch das Spielen auf dem *Metallophon* und auf dem *Glockenspiel* verdeutlicht.

Weit draußen im Meer lebte ein kleiner, buntschillernder Fisch. Er war ganz allein und deshalb versteckte er sich zwischen den Felsen eines Korallenriffs. Von dort aus hatte er eine gute Aussicht.

Über ihm streckte eine Seeanemone ihre Arme weit aus.

Eine Muschel öffnete und schloß langsam Ihre Schalen.

Es schwammen große Fische an ihm vorbei.

Auch viele kleine, manchmal ein ganzer Schwarm.

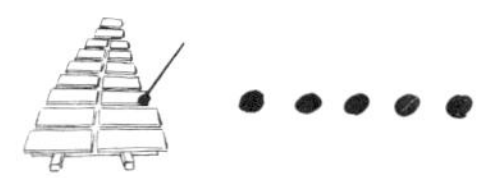

Am Meeresboden konnte er öfters einen Krebs beobachten, der am liebsten rückwärts lief.

Hin und wieder wippte ein Seepferdchen vorüber.

Der kleine, buntschillernde Fisch wollte auch noch mehr von den Tieren des Meeres sehen, doch allein hatte er Angst.

Bis eines Tages viele Fische vorbeischwammen, die genau so klein und bunt waren wie er.

Nun konnte er seinen Felsen verlassen. Schnell schwamm er zu dem Schwarm und war nun nicht mehr allein.

»Willst du mein Freund sein?«

Bewegungen der Kinder		Bewegungsbegleitung
wie Esel traben	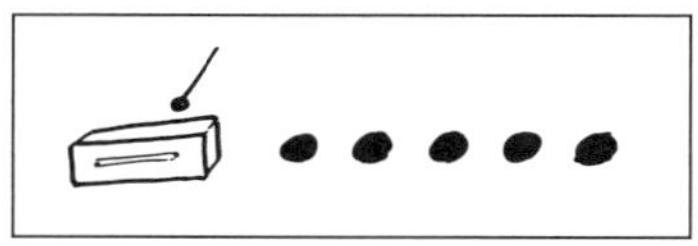	*Holzblocktrommel*
wie Katzen schleichen	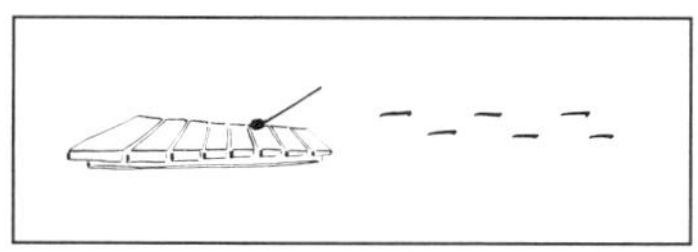	*Metallophon*
wie Pferde galoppieren	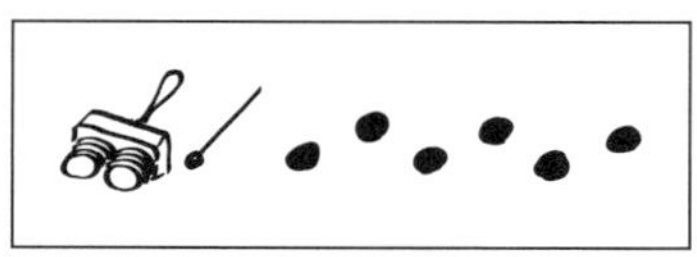	*Wooden Agogo*
wie Hennen laufen	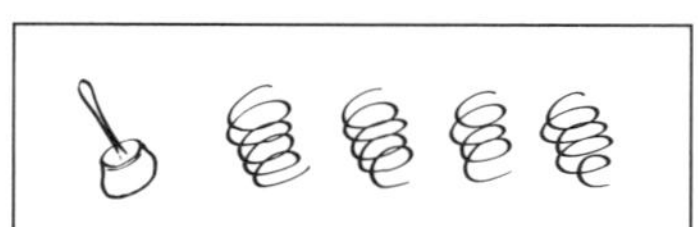	*Rassel*

Auf einem Bauernhof lebte ein kleiner, grauer Esel. Jeden Tag half er dem Bauer Heusäcke tragen. Aber am Abend war er in seinem Stall ganz allein.
»Ich suche mir einen Freund«, dachte der Esel und machte sich auf den Weg.

Da kam ihm eine Katze entgegen. Der Esel fragte: »Willst du mein Freund sein?« Die Katze miaute: »Du bist sicher sehr nett, aber ich habe schon einen Freund.«

Und sie stolzierte zu ihrem Freund, dem Kater.

Der Esel trottete weiter.

Nun kam ihm ein Pferd entgegen. Er fragte: »Willst du mein Freund sein?« Das Pferd wieherte: »Du bist sicher sehr nett, aber ich habe schon einen Freund.«

Und galoppierte zu seinem Freund, dem Hengst.

Der Esel marschierte weiter.

Da traf er eine Henne, die Körner aufpickte. »Willst du mein Freund sein?« fragte der Esel.
Die Henne gackerte: »Du bist sicher sehr nett, aber ich habe schon einen Freund.«

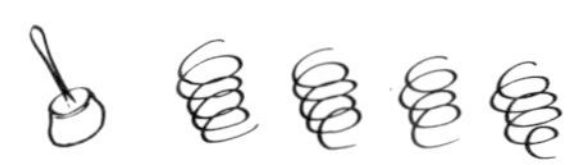

Und lief zum Hahn.

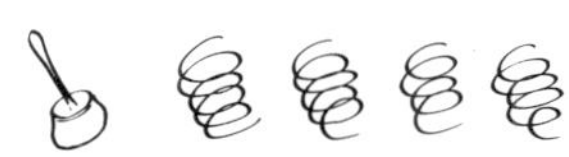

Der Esel trabte zu seinem Stall zurück. Als der Bauer sah, wie traurig der Esel seine Ohren hängen ließ, kaufte er eine Eselin. Da freute sich der Esel, denn nun mußte er nicht mehr allein in seinem Stall stehen. Er hatte eine Freundin gefunden.

Die hilfsbereite Schnecke

Bewegungen der Kinder		**Bewegungsbegleitung**
wie Schnecken kriechen		*Rassel*
wie Heuschrecken hüpfen	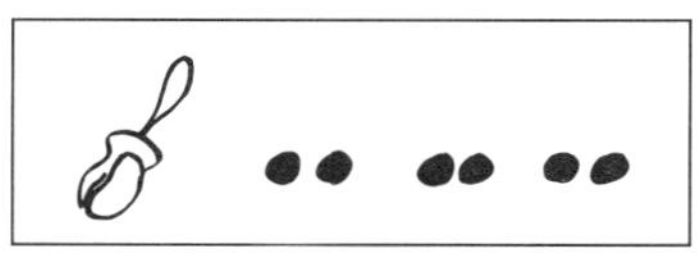	*Stielkastagnetten*
wie Maulwürfe graben	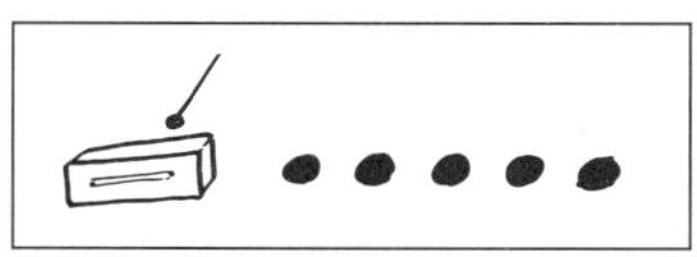	*Holzblocktrommel*
wie Bienen fliegen	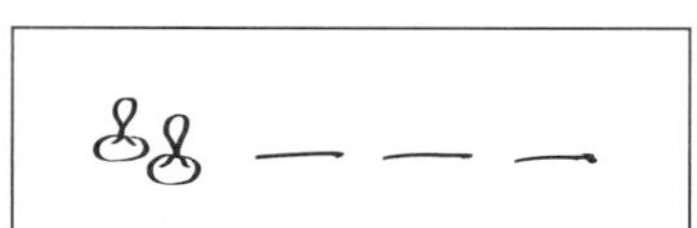	*Fingercymbeln*
wie Regenwürmer kriechen	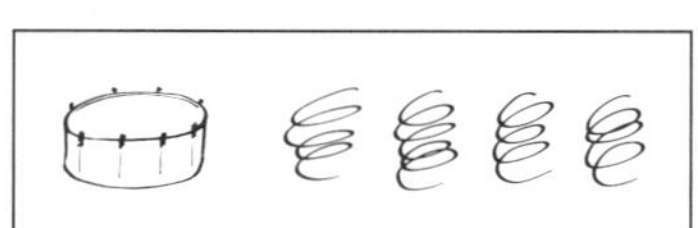	*Trommel (gerieben)*

In einem Garten lebte eine Schnecke. Sie trug ein schönes, weißes Haus mit braunen Streifen auf ihrem Rücken. Es gefiel ihr gut im Gemüsebeet. Zum Frühstück knabberte sie am grünen Salat, zu Mittag gab's frischen Kohlrabi, und abends knabberte sie die Erdbeeren an.

Eines Abends traf sie eine Heuschrecke, die über die Wiese sprang. »Hallo Schnecke, spielst du mit mir Fangen?« fragte die Heuschrecke. »Nein, ich kann nicht«, sagte die Schnecke, »du hüpfst viel zu schnell, dich kann ich nie erwischen!«
»Tut mir leid!« antwortete die Heuschrecke und sprang über den größten Kohlrabi.

Da kroch ein Maulwurf aus der Erde. »Hallo Schnecke, hilfst du mir beim Graben?« fragte er.
»Ja gerne«, sagte die Schnecke, »aber ich kann nicht graben.«
Da schlüpfte der Maulwurf ins Loch zurück.

Die Schnecke hörte ein leises Brummen. Eine Biene flog zu einer Erdbeerblüte. »Hallo Schnecke!« summte die Biene, »hilfst du mir Honig sammeln?« – »Ja gerne, aber ich kann nicht fliegen«, antwortete die Schnecke. »Schade!« summte die Biene und flog zur nächsten Blüte.

Langsam kroch die Schnecke weiter.

Da sah sie einen Regenwurm, der sich mühsam am trockenen Gartenweg fortbewegte.

»Hallo Regenwurm, warte ein bißchen, ich bring dich in Sicherheit«, rief die Schnecke und kroch, so schnell sie konnte, zum Regenwurm. »Folge meiner schleimigen Spur«, sagte die Schnecke, »die bringt dich ins feuchte Gras zurück.« Nun krochen beide. Zuerst die Schnecke,

dahinter der Regenwurm. Als sie im Gras angelangt waren, freute die Schnecke sich, weil sie helfen konnte.

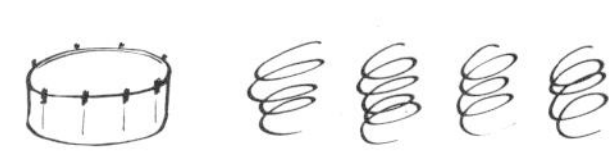

Die Reise eines Regentropfens

Hoch am Himmel schwebte in einer kleinen, weißen Wolke ein Regentropfen.

Der Wind wehte leicht und trieb die kleine, weiße Wolke mit dem Regentropfen vor sich her.

Plötzlich kamen mehr und mehr Regentropfen in die Wolke.

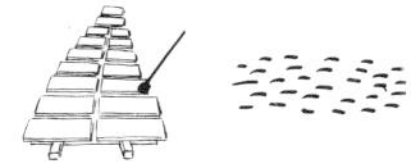

Sie wurde schwerer und schwerer. Es blitzte

und donnerte.

Unser Regentropfen konnte sich nicht mehr halten und flog mit vielen anderen Regentropfen zur Erde.

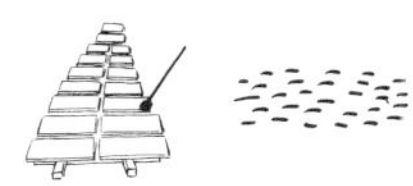

Es regnete.

Der Tropfen fiel auf die Straße und bildete mit vielen anderen Wassertropfen eine Pfütze. Bald war das Gewitter vorüber, und die Sonne lachte wieder vom Himmel.

Da wurde dem Wassertropfen in der Pfütze wärmer und wärmer. Schließlich wurde ihm so heiß, daß er verdunstete.

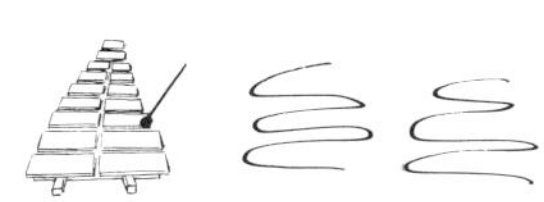

Nun schwebte er wieder hoch oben am Himmel in einer kleinen, weißen Wolke,

und der Wind wehte leicht.

Vom Entlein, das nicht schwimmen wollte

Am Rande eines Teiches lebte eine Ente mit ihren fünf Entenjungen. »Heute werden wir schwimmen«, schnatterte die Ente und watschelte zum Teich. Hinter ihr marschierten eins – zwei – drei – vier – fünf Entenküken.

Beim Teich angekommen, sprangen sie ins Wasser.
Zuerst die Entenmama und dann eins – zwei – drei – vier – Entlein.

»Kommst du nicht?« schnatterte die Entenmama. Aber das fünfte Entlein hatte Angst vor dem Wasser und hüpfte am Ufer aufgeregt von einem Bein aufs andere.

Da tauchte ein Frosch auf. Er quakte: »Du brauchst keine Angst zu haben, schau, wie ich das mache«, tauchte unter und schwamm davon.

Weit draußen am Teich glitt ein Schwan majestätisch übers Wasser.

»So möchte ich auch schwimmen können«, dachte das Entlein und hüpfte aufgeregt hin und her. Als die Entenmama sah, daß sich das fünfte Entlein nicht ins Wasser traute, kam sie aus dem Teich gewatschelt.
»Komm ganz nah zu mir, wir gehen gemeinsam«, schnatterte sie. Da schmiegte sich das Entlein ganz dicht an Mamas Federkleid, und gemeinsam platschten sie ins Wasser.

Nun schwamm die Entenfamilie vergnügt im Teich. Zuerst die Entenmama dann eins – zwei – drei – vier – fünf kleine Entlein.

Die Storchen-familie

Bewegungen der Kinder		Bewegungsbegleitung
wie Störche mit den Schnäbeln klappern		*Holzblocktrommel*
wie große Störche fliegen	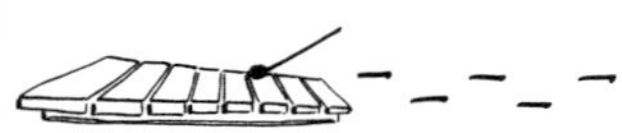	*Metallophon*
wie kleine Störche im Nest hüpfen	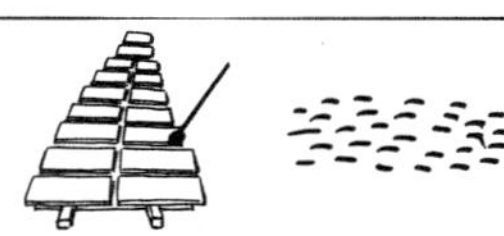	*Glockenspiel*
wie Störche stolzieren		*Fingercymbeln*

Das Knacken der Eischalen wird durch das Spielen auf der *Stielkastagnette* verdeutlicht.
Das Schlüpfen der Jungen wird durch das Spielen auf der *Kugelrassel* verdeutlicht.

Hoch über den Dächern einer kleinen Stadt hatte sich ein Storchenpaar ein Nest gebaut.
Weithin hörte man sie mit ihren langen roten Schnäbeln klappern.

Eines Tages legte Frau Störchin zwei Eier ins Nest, die sie nun bebrütete.
Vater Storch flog zum See, um Nahrung für die Störchin zu suchen.

Er stolzierte im Schilf –

und mit seinem langen Schnabel erwischte er viele kleine Würmer und Schnecken. Mit denen flog er zurück zur Störchin.

Die Störchin brütetete fleißig. Manchmal half ihr auch der Storch. So waren die Eier nie allein. Es dauerte nicht lange, da knackte das erste Ei. Kurze Zeit später das zweite.

Und zwei graue wuschelige Storchenkinder zwängten sich aus den Schalen.

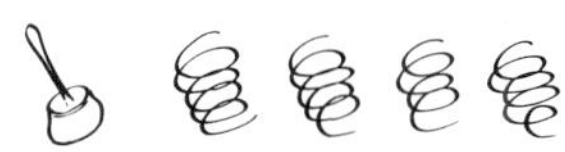

Nun hatten die Storcheneltern viel zu tun.
Sie mußten oft zum See fliegen, um für die Jungen Nahrung zu suchen.

Diese wurden größer und größer. Bald sah man sie bei ihren ersten Flugübungen. Sie schwangen ihre Flügel und hüpften im Nest. Jeden Tag ein Stück höher.

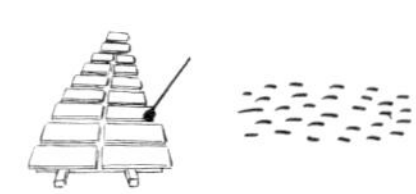

Eines Tages flogen der Storch, die Störchin

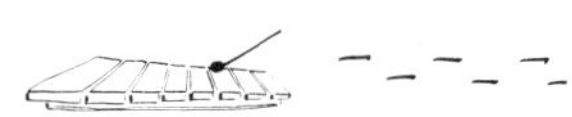

und die zwei Storchenkinder zum See.

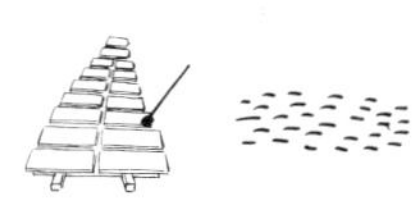

Im Schilf hörte man weithin ihr lautes Klappern.

Dicki, der Elefant

Bewegungen der Kinder		Bewegungsbegleitung
wie Elefanten stampfen		*Pauken*
wie Löwen die Mähne schütteln		*Rassel*
wie Affen hüpfen	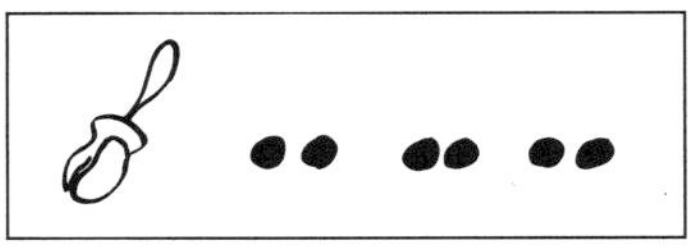	*Stielkastagnetten*
wie Bären planschen	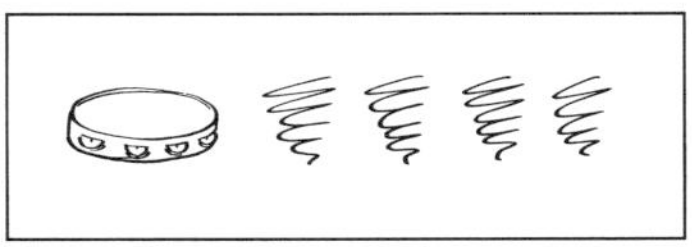	*Schellentrommel*
wie Flamingos stolzieren	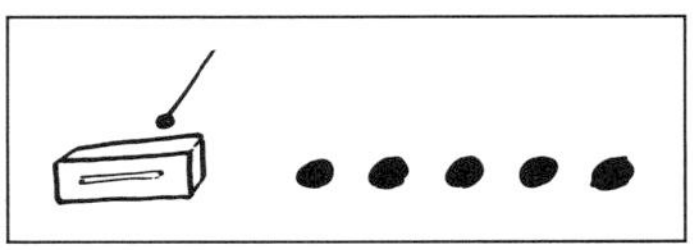	*Holzblocktrommel*

In einem Zoo lebte ein Elefant. Alle Leute nannten ihn Dicki. Eines Tages vergaß der Tierwärter, der Dicki immer das Fressen brachte, das Tor zum Gehege zuzumachen. Dicki dachte: »Jetzt kann ich die Welt ansehen und zu meinen Freunden nach Afrika wandern.«

Er ging los.

Als ersten traf der Elefant einen Löwen. Der saß in seinem Käfig und brüllte. Dicki fragte ihn: »Weißt du den Weg nach Afrika?«

Aber der Löwe schüttelte seine Mähne und gab keine Antwort.

Da marschierte Dicki weiter und kam beim Affenkäfig vorbei. »Wißt ihr den Weg nach Afrika?« fragte er.

Aber die Affen beachteten ihn nicht, sondern hüpften in ihrem Käfig herum.

Der Elefant stampfte weiter und kam am Bärengehege vorbei.

»Wißt ihr den Weg nach Afrika?« fragte er. Aber die Bären planschten und spielten vergnügt im Wasser.

Dicki marschierte zu den Flamingos. »Hallo«, trompetete er laut, »könnt ihr mir den Weg nach Afrika zeigen?«

Da erschraken die Flamingos und liefen weg.

Nun wußte der Elefant nicht mehr, wohin er gehen sollte. Er dachte: »Wenn ich nicht bald nach Afrika komme, werde ich verhungern.« Denn er hatte schon großen Hunger nach Heu und Blättern. Da entdeckte er den Tierwärter, der ihn schon suchte.

Dicki lief hin. Der Tierwärter brachte ihn ins Gehege zurück. Dort bekam er einen großen Ballen Heu und war zufrieden.

Wie ein Eichhörnchen zu seinen Nüssen kam

Bewegungen der Kinder		Bewegungsbegleitung
wie Eichhörnchen klettern und sausen	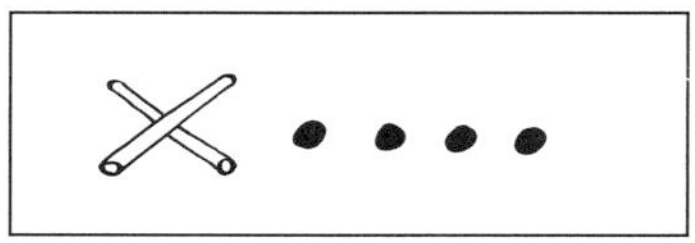	*Klanghölzer*
wie Eulen mit den Augen zwinkern	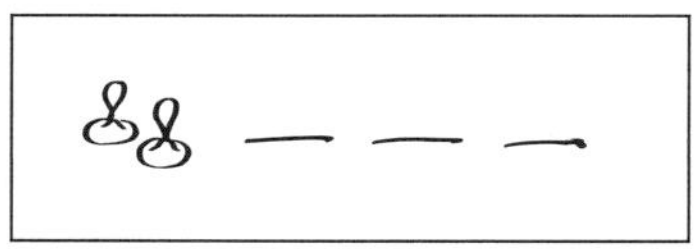	*Fingercymbeln*
wie Ameisen krabbeln		*Rassel*
wie Schmetterlinge flattern		*Metallophon*
wie Schwalben fliegen	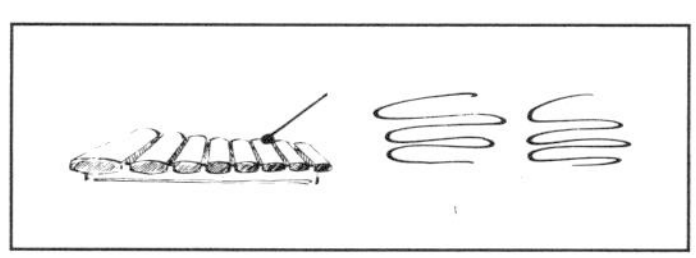	*Xylophon*

Das Knacken der Nüsse wird durch das Spielen auf der *Stielkastagnette* verdeutlicht.

Am Rande eines Waldes wohnte ein Eichhörnchen. Es sauste den ganzen Tag von einem Baum zum anderen, um Vorräte für den Winter zu suchen. Es hatte schon viele Samen, Zapfen und Eicheln gesammelt, die es in seiner Baumhöhle aufbewahrte. Aber so sehr es sich auch bemühte, es fand keine einzige Nuß. So kletterte es zur Eule, die in der Nähe der Baumhöhle schlief. »Du Eule, kannst du mir einen Strauch mit Nüssen zeigen?« fragte das Eichhörnchen.

Aber die Eule blinzelte mit einem Auge, schlug ein wenig mit den Flügeln und gab keine Antwort.

Da lief das Eichhörnchen den Baum hinunter.

Dort traf es viele schwarze Ameisen, die geschäftig hin und her krabbelten. »Ihr Ameisen, wißt ihr einen Haselstrauch?« fragte das Eichhörnchen.
Aber die Ameisen waren so beschäftigt, daß sie für das Eichhörnchen keine Zeit hatten.

Da sprang es auf die Wiese.

Dort flogen viele Schmetterlinge von einer Blume zur anderen. »Hallo, du gelber Schmetterling, kannst du mir sagen, wo es gute Nüsse gibt?« rief das Eichhörnchen.
Aber der Schmetterling flatterte wieder zur nächsten Blüte.

Die Frage des Eichhörnchens hörte eine Schwalbe, die gerade von einem Ausflug zurückkam.

»Dort drüben am Ende der Waldwiese steht ein schöner Haselstrauch«, zwitscherte sie.
»Danke«, sagte das Eichhörnchen und sauste, so schnell es konnte, zum Strauch.

Dort knackte es einige Nüsse und verspeiste sie.

Die anderen brachte es nach und nach in seine Baumhöhle.

Das verschlafene Küken

Bewegungen der Kinder		Bewegungsbegleitung
wie Hennen gackern und laufen		*Holzblocktrommel*
wie Hennen ihre Federn schütteln	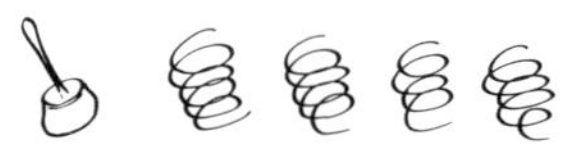	*Rassel*
wie Küken Körner picken	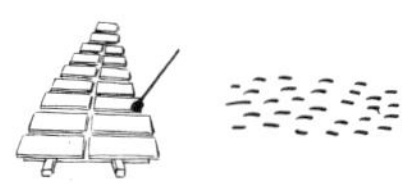	*Glockenspiel*
wie Hunde müde laufen		*Trommel*
wie Katzen schleichen		*Metallophon*

Es war einmal eine dicke, braune Henne. Sie hatte fünf kleine Küken, die mit ihr am Bauernhof lebten.

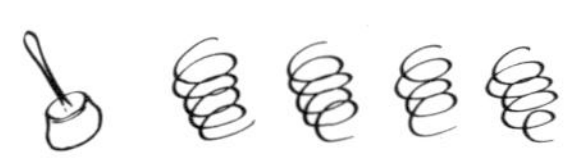

Jeden Tag frühmorgens krähte der Hahn, der auf dem Misthaufen stand, und weckte die Henne und ihre Küken im Hühnerstall. Zuerst schüttelten sie ihr Federkleid, dann sprangen sie auf die Hühnertreppe und liefen in den Hof.

Dort pickten sie mit ihren harten Schnäbeln Körner auf, die die Bäuerin auf den Boden gestreut hatte. Die Henne war sehr stolz auf ihre Küken und gackerte eines Tages zum Hahn: »Sind die fünf Küken nicht schon groß und prächtig?« Der Hahn schaute stolz von seinem Misthaufen und krähte: »Kikeriki, ich seh nur vier Küken, wo ist das fünfte?«

Da entdeckte die Henne, daß ein Küken fehlte. Aufgeregt gackernd lief sie im Hof herum.

Damit weckte sie den Hofhund, der schläfrig aus seiner Hundehütte kroch. »Was machst du für einen Lärm!« bellte der Hund. »Ist mein fünftes Küken bei dir?« gackerte die Henne. Der Hund kroch in seine Hundehütte, um nachzusehen.

»Nein, hier ist es nicht«, bellte der Hund und schlief weiter. Da kam aus dem warmen Kuhstall die Katze Minka. »Miau, warum ist es hier so laut?« – »Ist mein fünftes Küken bei dir?« fragte die Henne. Die Katze schlich zurück zum Kuhstall, um nachzusehen. »Miau, hier ist es nicht!« rief Minka, machte einen Buckel und schlief schnurrend ein. Nun war die Henne schon sehr besorgt.

Sie gackerte laut im Hof, und alle vier Küken piepsten und liefen hinter ihr. Zuerst das erste –
dann das zweite – dann das dritte – und zum Schluß das vierte Küken.

Plötzlich hörte die Henne ein leises Piepsen. »Was ist das für ein Lärm, was ist geschehen?« fragte das fünfte Küken und trippelte die Hühnerleiter hinunter. Es hatte verschlafen.

Da war die Henne beruhigt und hörte auf zu gackern.

Die Geschichte vom freundlichen Igel Schnuffi

Bewegungen der Kinder		**Bewegungsbegleitung**
wie Igel trippeln		*Klanghölzer*
wie Rehe laufen		*Xylophon*
wie Eichhörnchen flitzen		*Wooden Agogo*
wie Eulen fliegen		*Becken*

Das Wühlen im Laub wird durch das Spielen auf der *Rassel* verdeutlicht.

Im Wald lebte ein Igel. Er hatte zwei kleine, schwarze Augen, eine braune Schnauze und am Rücken viele spitze Stacheln. Er war sehr freundlich, und darum mochten ihn die Tiere des Waldes. Sie nannten ihn Schnuffi.
Wenn er frühmorgens seine Laubhöhle verließ, blinzelten seine Augen lustig in der Sonne.

Er trippelte durch Laub.

Da lief ihm eine Rehmutter mit ihrem weißgefleckten Rehkitz entgegen. »Guten Morgen, Rehmutter! Wie gehts dem Bambi?« fragte Schnuffi. »Danke gut, schau, wie es fröhlich durchs Gras springt.«

Der Igel krabbelte weiter.

Da sprang ein Eichhörnchen vorbei. »Guten Morgen, Eichhörnchen, findest du genug Futter?« – »Ja, danke, ich habe schon viele Vorräte gesammelt«, sagte das Eichhörnchen und kletterte auf den nächsten Baum.

Nun schien dem Igel die Sonne schon zu hell. Er trippelte in seine Laubhöhle zurück und schlief dort bis zum Abend.

Dann bekam er Hunger. Mit seiner Schnauze durchwühlte er das Laub.

Dort fand er viele kleine Würmer und Insekten, die ihm gut schmeckten. Er war so beschäftigt, daß er die Eule, die auf Igel- und Mäusejagd war, gar nicht bemerkte.

»Schnuffi, paß auf!« rief der Specht und klopfte, so laut er konnte, in die Baumrinde.

Schnell rollte sich Schnuffi zu einer stacheligen Kugel ein. So konnte ihn die Eule nicht fangen. Sie flog lautlos weiter. »Danke!« rief Schnuffi zum Specht, »du hast mir sehr geholfen.«

Ein Pinguin will fliegen

Bewegungen der Kinder		Bewegungsbegleitung
wie Pinguine watscheln	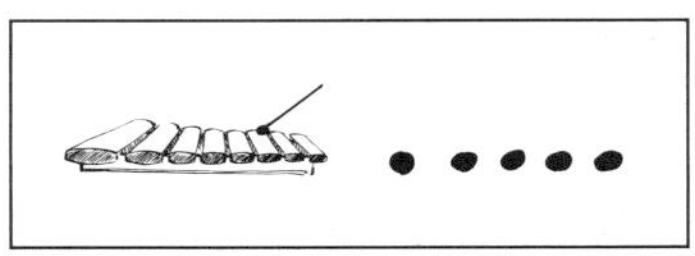	*Xylophon*
wie Seelöwen kriechen		*Rassel*
wie Fische schwimmen	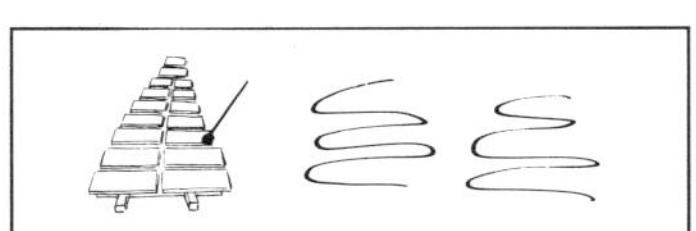	*Glockenspiel (Glissando)*
wie Seemöwen fliegen	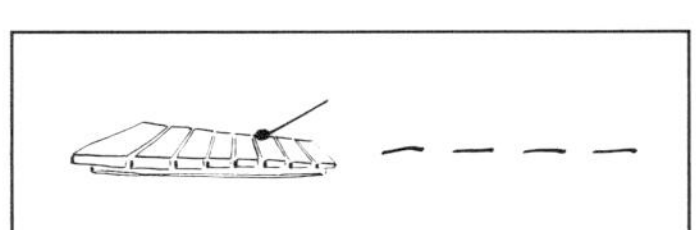	*Metallophon*

Auf einer Eisscholle in der Nähe des Südpols lebten viele Pinguine. Unter ihnen auch eine Pinguinfamilie mit einem Jungen, das glaubte, alles besser machen zu können. »Ich kann schneller laufen«, rief der kleine Pinguin und rannte seinen Eltern davon.

Er kam zum Wasser. Dort tauchte gerade ein Seelöwe auf.

»Ich kann weiter tauchen als du«, rief der kleine Pinguin und sprang kopfüber ins Wasser.

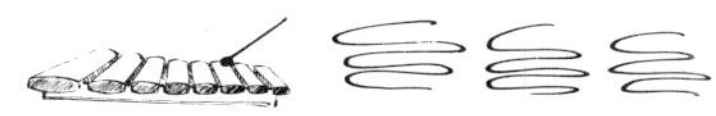

Dort traf er einen Raubfisch, der durchs Wasser flitzte.

»Ich fange mehr Fische als du«, rief der kleine Pinguin und schnappte nach einem ganz großen. Fast hätte er sich verschluckt.
Schnell tauchte er auf und lief zu seinen Eltern zurück.

Dort begegnete ihm eine Seemöwe, die über die Pinguine hinwegflog. »Ich kann höher fliegen als du«, rief der kleine Pinguin. Und er schwang seine kleinen schwarzen Flügel. Aber er hob nicht ab.

»Wir Pinguine können nicht fliegen, wir sind viel zu schwer«, sagte die Pinguinmama. Nun sah der kleine Pinguin ein, daß er viel, aber längst nicht alles konnte.

Inuk,
der Eskimojunge

Bewegungen der Kinder		Bewegungsbegleitung
wie Hunde laufen und bellen	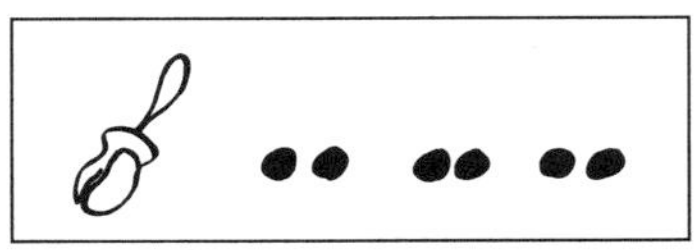	*Stielkastagnetten*
wie Pinguine watscheln	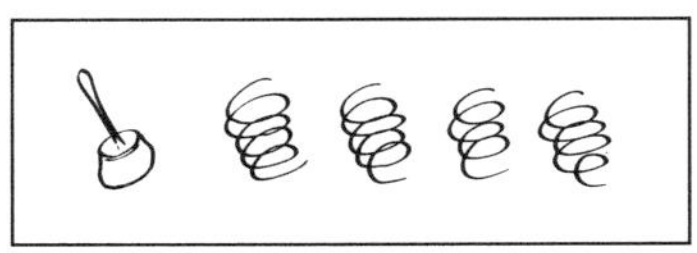	*Rassel*
wie Robben kriechen	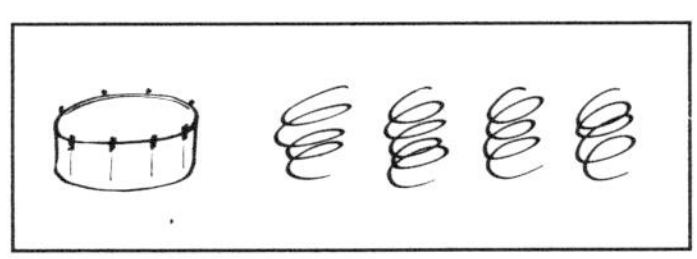	*Trommel (gerieben)*
ins Eis hacken	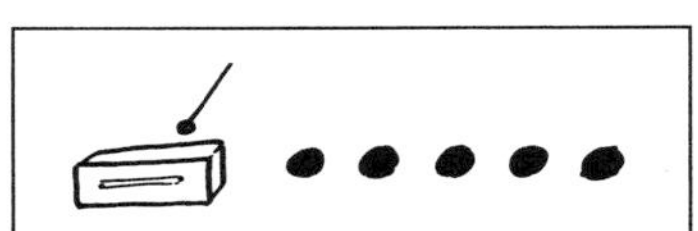	*Holzblocktrommel*
wie Eisbären tapsen	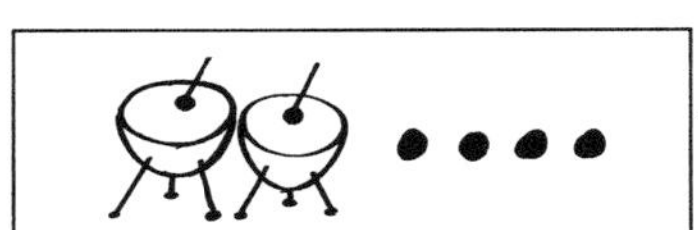	*Pauken*

Die Schlittenfahrt wird durch das Spielen auf dem *Schellenkranz* verdeutlicht.

Im Norden Grönlands lebte eine Eskimofamilie. Vater, Mutter und der kleine Inuk. Sie wohnten in einem Haus aus Schnee und Eis, in einem Iglu.

Eines Tages sagte der Vater zu Inuk: »Heute darfst du mir beim Fischfang helfen.« Sie holten den Schlitten und die Hunde. Die Hunde waren schon sehr aufgeregt und sprangen bellend um den Iglu. Inuks Vater spannte sie vor den Schlitten, und los ging die Fahrt. Die Hunde liefen,

und der Schlitten flitzte übers Eis.

Sie kamen bei Pinguinen vorbei, die lustig durch den Schnee watschelten.

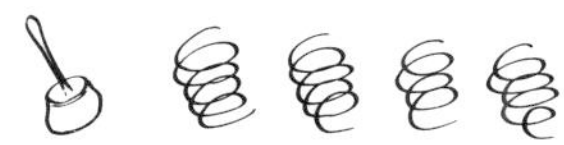

Die Fahrt im Hundeschlitten ging weiter. Da trafen sie graue Robben mit ihren weißen Robbenbabys, die sich mühsam fortbewegten.

Die Hunde zogen den Schlitten, und der Wind pfiff Inuk um die Ohren.

Mundgeräusche

Er zog seine pelzbesetzte Eskimokapuze weit ins Gesicht. Endlich kamen sie zum zugefrorenen Fluß. Vater hackte ein tiefes Loch, bis zum Wasser.

In dieses Wasserloch steckten sie die Angelschnüre und warteten, bis ein Fisch anbiß. Im Wasser gab es viele Fische. Bald war ihr Korb voll. Da erblickte Inuk einen Eisbären, der weit draußen am vereisten Fluß über die Eisschollen tapste.

Inuk hatte Angst, aber Vater sagte: »Eisbären sind sehr scheu, sie werden uns nicht angreifen.« Trotzdem machten sich beide auf den Heimweg. Die Hunde zogen den Schlitten, und flott gings nach Hause. Zu Hause wartete bereits die Mutter. Sie hatte schon das Feuer im Ofen angezündet, und bald brutzelten die Fische in der Pfanne. Es roch sehr gut. Inuk war schon hungrig und freute sich aufs Abendessen.

Die freundliche Hexe

Es war einmal eine kleine Hexe, die wohnte in einem kleinen Haus. Wenn sie Lust hatte, dann sauste sie mit ihrem Besen über die Dächer der Stadt. Hui – hui – hui.

Einmal sah sie die kleine Susi im Garten stehen und traurig zum Himmel schauen.
»Was hast du?« fragte die Hexe, »warum bist du so traurig?«
– »Weil es nicht regnet und alle meine Blumen verdursten.«

Da zauberte die kleine Hexe – abra katabra flix flax flux –

einen schönen Regen herbei.
Es regnete und regnete, und die kleine Hexe freute sich. Hui – hui – hui.

Als die kleine Hexe am nächsten Tag Susi besuchen kam, stand sie wieder im Garten und schaute traurig zum Himmel.
»Was hast du?« fragte die Hexe, »warum bist du so traurig?«
– »Weil die Sonne nicht scheint und alle meine Blumen ertrinken.«

Da zauberte die kleine Hexe – abra katabra flix flax flux –

den schönsten Sonnenschein herbei.
Die Sonne schien, und die Hexe freute sich. Hui – hui – hui.

Am nächsten Tag flog die kleine Hexe wieder bei Susi vorbei. Hui – hui – hui.

»Hallo, Susi, warum schaust du so traurig zum Himmel?« – »Es geht kein Wind, und ich möchte so gerne meinen Drachen steigen lassen.«

Da zauberte die Hexe – abra katabra, flix flax flux

einen schönen, starken Wind herbei.

Und wie die Hexe so fröhlich durch die Luft flog – hui – hui – hui –,

da sah sie viele Papierdrachen am Himmel tanzen.

Sie freute sich und tanzte mit. Hin und her, das war lustig. Hui – hui – hui.

Der laute Räuber Koftos

Im Räuberwald war es sehr friedlich. Die Vögel zwitscherten und flogen zu ihren Nestern.

Die Hirsche rieben ihre Geweihe an den Baumstämmen.

Der Specht klopfte mit seinem Schnabel kleine Würmer und Insekten aus den Baumrinden,

und die Spinne arbeitete an einem Spinnennetz. Da stampfte der Räuber Koftos durch den Wald. Er war ein gefürchteter Räuber. In seinem Gürtel steckten drei Säbel, zwei Messer und eine silberne Pistole. Als die Tiere die Schritte des Räubers hörten, wurde es still.

Die Hirsche flohen ins Dickicht. Der Specht hörte auf zu klopfen. Nur die Spinne ließ sich nicht stören und arbeitete weiter an ihrem Netz.

Viele Tiere hatten Angst vor dem lauten Räuber Koftos. Er stampfte durch den Wald.

Aus Langeweile köpfte er das Gras mit seinem längsten Säbel.

Da saß geduckt im Gras ein kleiner Vogel und zitterte.

Ganz verwundert schaute Koftos den Vogel an. »Warum fliegt er nicht weg?« dachte er.

Der Vogel hatte einen gebrochenen Flügel. Als Koftos das sah, bekam er ein weiches Herz und steckte seinen Säbel ein. Vorsichtig nahm er den Vogel und trug ihn in seine Räuberhöhle. Dort pflegte er ihn gesund. Von nun an hatten die Tiere keine Angst mehr vor dem lauten Räuber Koftos.

Die Kastanie

In einem schönen Park stand ein großer, alter Kastanienbaum. Im Frühling blühte er herrlich, und seine »Kerzen« leuchteten weithin. Viele Bienen flogen zu den Blüten und holten Nektar.

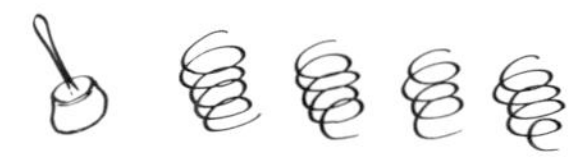

Im Sommer wurden aus den bestäubten Blüten kleine grüne Kugeln mit vielen weichen Stacheln. In diesen grünen Schalen befanden sich winzig kleine Kastanien. Diese wurden größer. Hoch oben am Wipfel des Baumes wuchs die größte Kastanie von allen heran. »Meine Schale wird mir zu eng!« dachte sie und drückte dagegen.

Plötzlich knackte es –

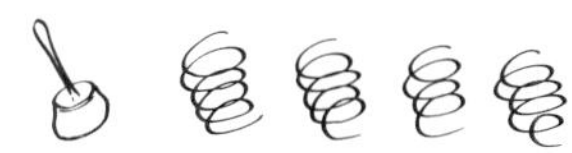

und die grüne Schale bekam einen Sprung. Sie drückte weiter,

der Spalt wurde immer größer, und bald sah man die braune, glänzende Kastanie hervorblitzen. Es war Herbst. Die Blätter des Kastanienbaumes verfärbten sich, und der Wind pfiff durch die Äste.

Er wehte stärker, und viele Kastanien fielen auf den Boden. Auch die große Kastanie konnte sich nicht mehr halten und purzelte mit der Schale vom Baum. Die Schale zersprang, und die Kastanie rollte ins Gras.

Michael und Sabine spazierten in den Park, um Kastanien zu sammeln.

Sie fanden viele, auch die besonders große war dabei. Zu Hause bastelten die beiden Tiere und Männchen. Aus der besonders schönen wurde ein Kastanienigel.

Das Gespensterfest

Bewegungen der Kinder		**Bewegungsbegleitung**
wie Eulen fliegen	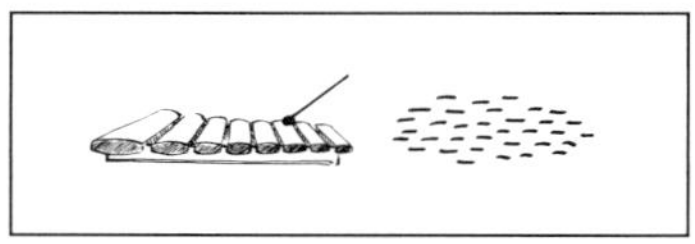	*Xylophon*
wie Gespenster scharren und kratzen	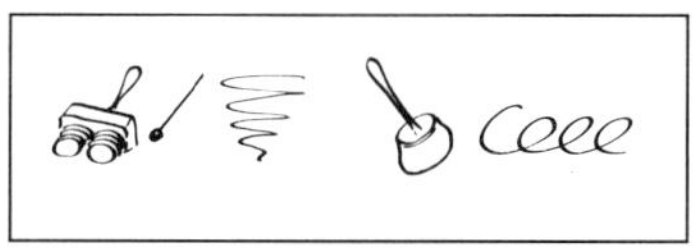	*Wooden Agogo (gerieben) – Rassel*
wie Gespenster schleichen und schlurfen	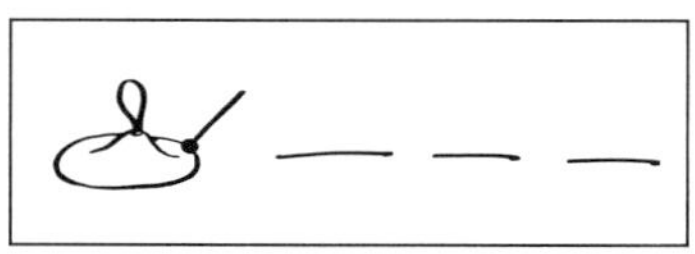	*Becken*
wie Gespenster poltern	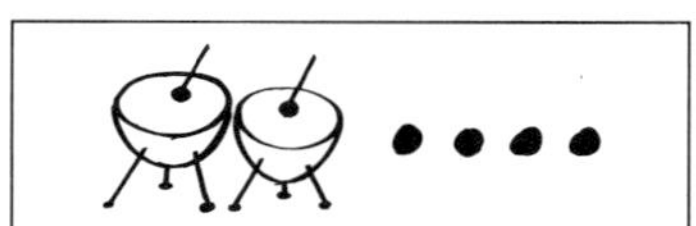	*Pauken*
wie Gespenster pfeifen und klopfen	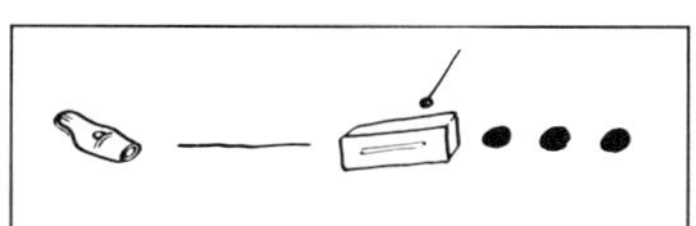	*Flötenkopf und Holzblocktrommel*

Das Schlagen der Turmuhr wird durch das Spielen auf dem *Metallophon* verdeutlicht. Das Blasen des Windes wird durch das Reiben der *Handtrommel* verdeutlicht.

In einem alten, verfallenen Schloß lebte hoch oben im Turm eine Eule.
Sie schlief am Tage, aber nachts verließ sie den Turm, um Nahrung zu suchen.

Es war Mitternacht, und die alte Uhr schlug zwölf.

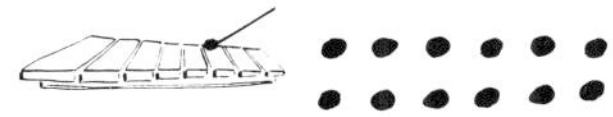

Die Eule war wieder zum Turm zurückgekehrt. Plötzlich hörte sie ein Schleichen und Schlurfen, ein Kichern und Lachen,

ein Scharren und Kratzen,

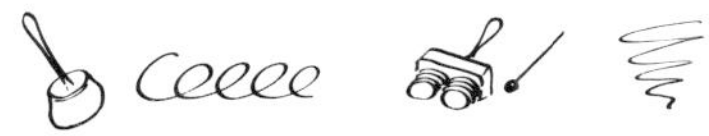

ein Flüstern und Poltern,

ein Pfeifen und Klopfen.

Der Wind blies um die alten Gemäuer.

Die Gespenster Waldimir Kicherich, Kunigunde von Kratzefuß und Dietbert Polterzorn tanzten, bis die Uhr eins schlug.

alle Instrumente spielen

Da verschwanden die Gespenster.

alle Instrumente werden leiser …

Es wurde wieder still, nur die Eule rief vom Turm uhu, uhu …

Der Riese
und sein kleiner Freund

Bewegungen der Kinder		Bewegungsbegleitung
wie Riesen stampfen	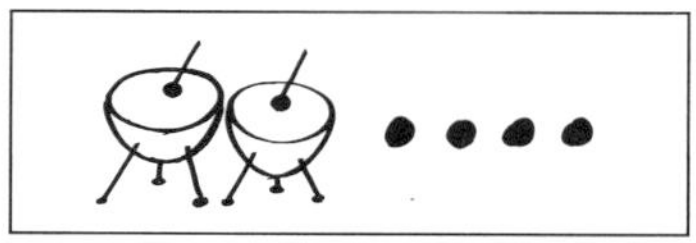	*Pauken*
wie Zwerge laufen	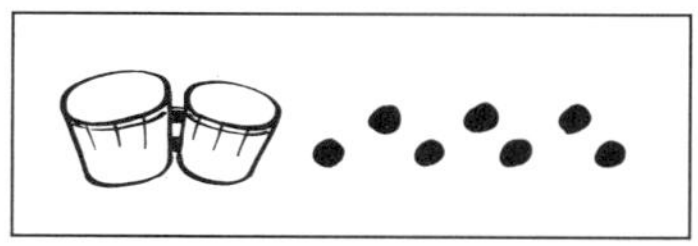	*Bongo*
wie Hirsche grasen	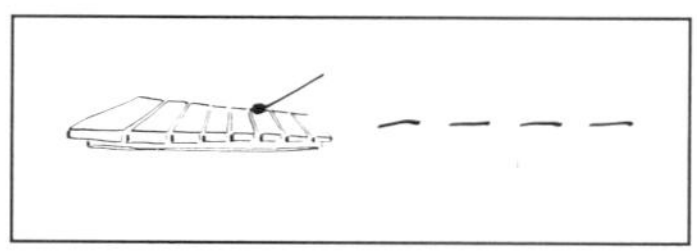	*Metallophon*
wie Hasen jagen	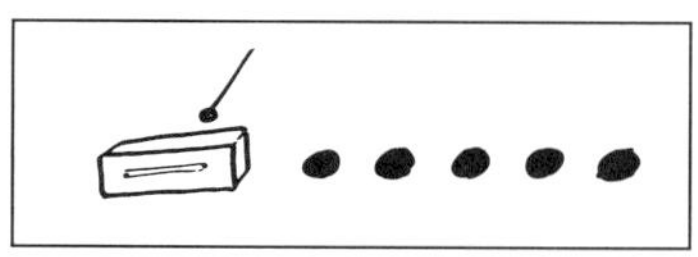	*Holzblocktrommel*

Das Gewitter wird durch das Spielen auf der *Schellentrommel*, der *Trommel* und der *Rassel* verdeutlicht.

Vor vielen, vielen Jahren lebte im Gebirge ein Riese. Jeden Tag marschierte er von seiner Riesenhöhle ins Tal.

Dort lebte sein Freund. Es war ein Zwerg, der unter einer Baumwurzel wohnte. Wenn der Zwerg die lauten Schritte seines Freundes hörte, freute er sich und lief ihm entgegen. Sogleich hob der Riese den Zwerg auf und ging mit ihm spazieren.

Der Riese war so groß, daß die Wipfel der Bäume seinen Bart streiften.

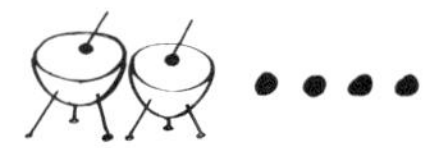

Viele Dinge sah der Zwerg von oben Hirsche, die mit ihren Hirschkühen auf der Waldwiese grasten,

und Hasen, die übers Feld jagten.

Da zog ein Gewitter auf. Es blitzte

und donnerte.

Bald fiel der Regen in Strömen.

Der Riese eilte mit seinem Freund in die Riesenhöhle. »Du bleibst heute bei mir«, flüsterte der Riese, denn deine Baumwurzelhöhle ist sicher vom vielen Regen überschwemmt. Obwohl der Riese flüsterte, war seine Stimme immer noch so laut, daß die Wände hallten. »Wo soll ich schlafen?« fragte der Zwerg. »Laß dich überraschen«, antwortete der Riese. Als es Abend wurde, ging der Riese schlafen. Sein Kopfpolster war ein Felsbrocken, auf den er seinen Kopf legte, seine Füße legte er auf einen Felsvorsprung.

»Komm her!« sagte er zu seinem Freund. Dieser lief zum Riesen, kletterte auf seinen Bauch und legte sich auf den weichen Bart. Mit dem Bartende deckte er sich zu. Bald darauf schlief er ein.

Schnipsel, der Drache

Bewegungen der Kinder		**Bewegungsbegleitung**
galoppieren wie Pferde	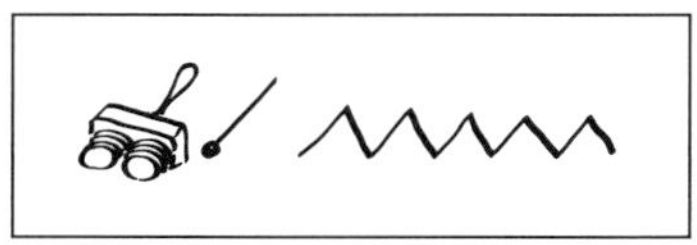	*Wooden Agogo*
watscheln wie Enten	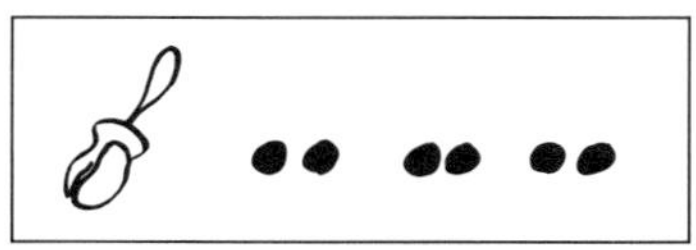	*Stielkastagnetten*
hoppeln wie ein Hase	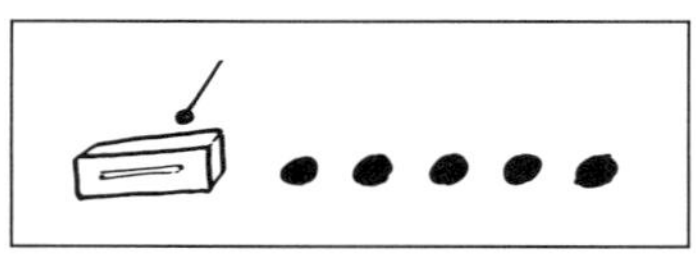	*Holzblocktrommel*
laufen wie Kinder	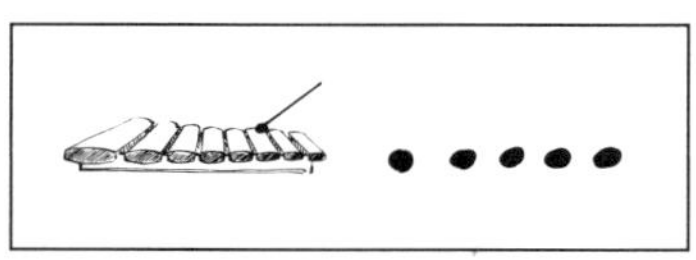	*Xylophon*
fliegen wie ein Drache	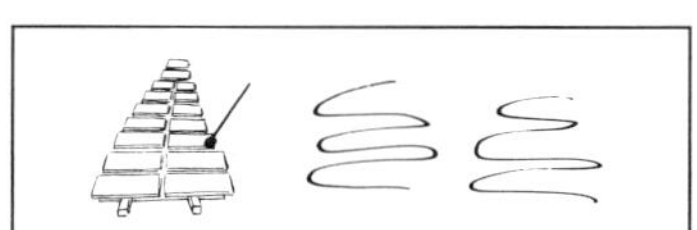	*Glockenspiel*

Das Blasen des Windes wird durch das Reiben mit einer Bürste auf der *Trommel* verdeutlicht.

Peter bastelte im Kindergarten einen Drachen. Er hatte zwei lustige Augen, einen roten Mund und einen langen Schwanz mit vielen Papierschnipseln drauf. Darum nannte Peter seinen Drachen Schnipsel.

An einem windigen Tag ging Peter auf eine große Wiese. Dort wollte er seinen Drachen Schnipsel steigen lassen.

Der Wind blies den Drachen in die Luft, und Schnipsel tanzte und schwebte, und tanzte und schwebte.

Schnipsel war ganz aufgeregt, weil er so viele Tiere, die er noch nie gesehen hatte, beobachten konnte:

– ein Pferd galoppierte auf der Weide,

– die Ente watschelte zum Teich,

– ein Hase hoppelte über das abgeerntete Maisfeld.

Plötzlich wurde der Wind immer stärker und stärker, er blies ganz kräftig, zerrte an der Drachenschnur und riß den armen Schnipsel los.

Nun wurde Schnipsel hin und her getrieben, und ihm wurde schon ganz schwindlig.

Schließlich wurde der Wind schwächer und schwächer – er hörte ganz auf.

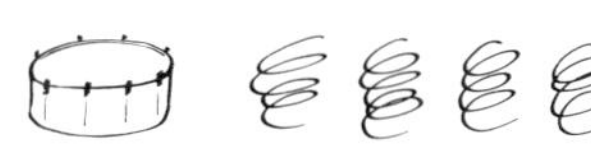

Schnipsel landete auf einem Baum und blieb in seinen Ästen hängen.

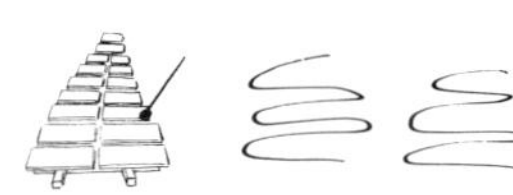

Da kam schon Peter gelaufen. Er kletterte ein Stück auf den Baum und befreite Schnipsel.

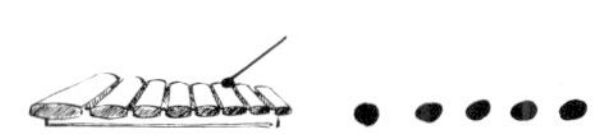

Felix im Tierpark

Bewegungen der Kinder		Bewegungsbegleitung
wie Papageien kreischen und fliegen	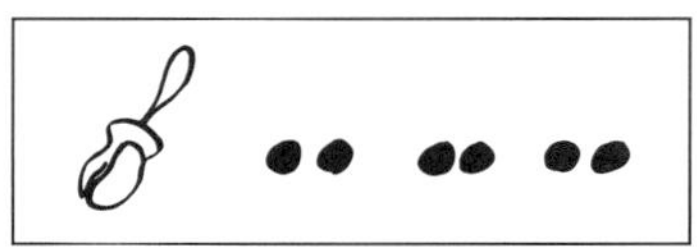	*Stielkastagnetten*
wie müde Löwen schleichen und die Mähne schütteln		*Rassel*
wie Affen springen und schaukeln	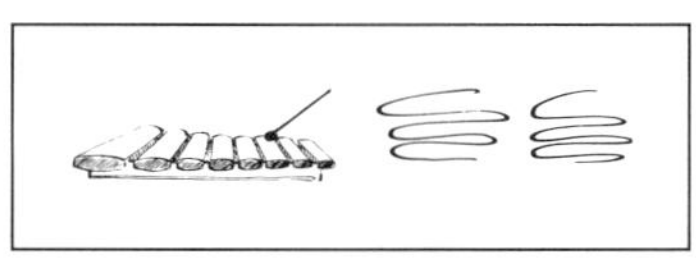	*Xylophon (Glissando)*
wie Elefanten stampfen	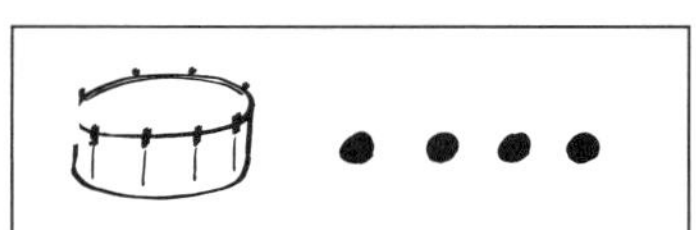	*Trommel*
wie Fische schwimmen	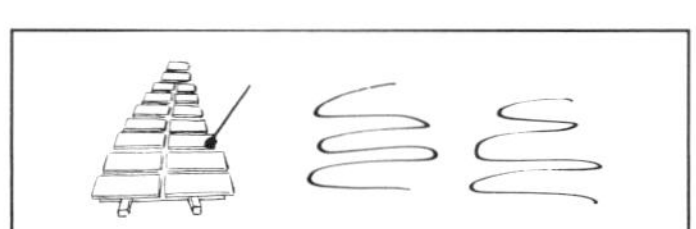	*Glockenspiel (Glissando)*

Felix war der Sohn des Tierwärters und wohnte mit seinen Eltern in einem kleinen Haus, mitten im Tierpark. Er war nun schon fünf Jahre alt und durfte seinem Vater öfters beim Füttern der Tiere helfen.

Zuerst marschierten sie zu den Papageien. Die hörte man schon von weitem kreischen und streiten.

Als sie von Felix Futter bekamen, wurden sie ruhig und knabberten an den Maiskörnern.

Felix und sein Vater gingen weiter und kamen zum Löwenkäfig. Dort lagen die Löwen faul in der Sonne und schüttelten ihre Mähnen.

Zu den Löwen ging Felix nicht hinein, nur sein Vater gab ihnen ein großes Stück Fleisch. Nun betreuten sie die Affen. Ein Affe schaukelte gerade auf einem Seil und freute sich über die Banane, die ihm Felix gebracht hatte.

Von weitem hörte man ein Stampfen und Schnauben. Es war die Elefantendame, die schon auf ein großes Bündel Heu wartete, das Felix und sein Vater ins Elefantengehege warfen.

Nun waren sie beim großen Aquarium, in dem viele bunte Fische schwammen. Als Felix das Futter ins Wasser streute, schwammen sie alle an die Oberfläche und schnappten danach.

Felix war mit dem Füttern der Tiere fertig und lief nach Hause. Sein Vater aber hatte noch viel zu tun, denn er wollte, daß sich seine Tiere im Tierpark wohlfühlten.

Michael im Zirkus

Bewegungen der Kinder		Bewegungsbegleitung
wie Elefanten stampfen	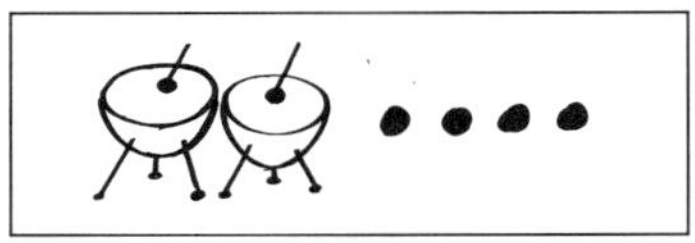	*Pauken*
wie Seehunde watscheln	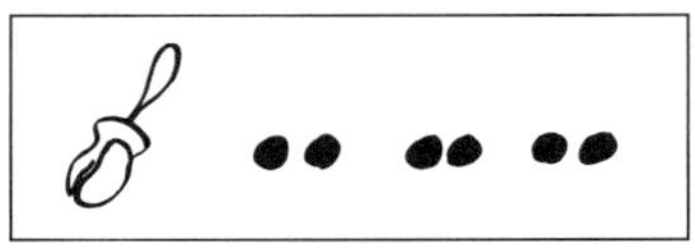	*Stielkastagnetten*
wie Clowns purzeln	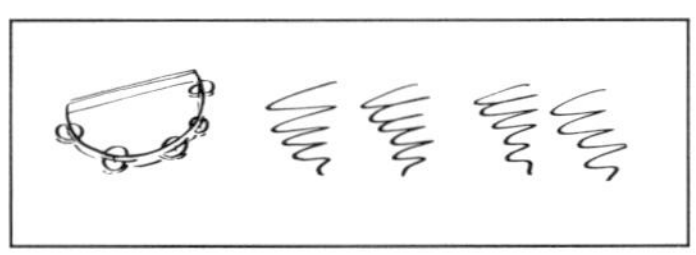	*Schellenkranz*
wie Pferde galoppieren	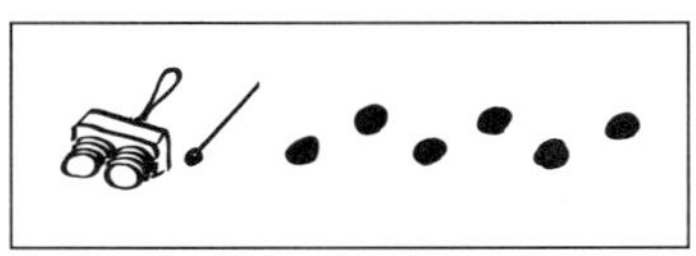	*Wooden Agogo*
wie Seiltänzerinnen balancieren	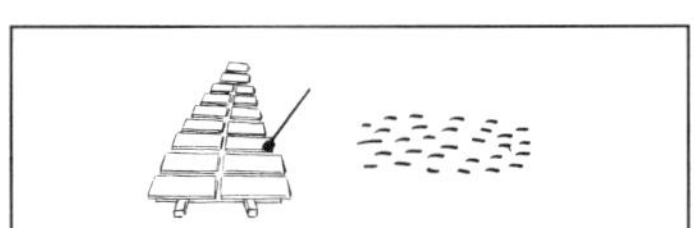	*Glockenspiel*
wie Löwen und Tiger schleichen	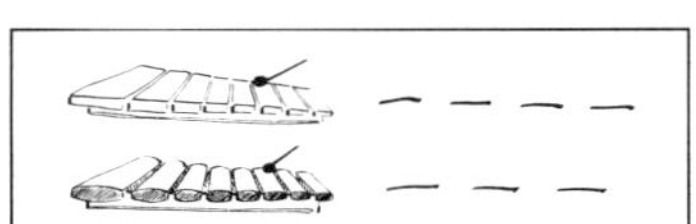	*Metallophon* *Xylophon*

Als Michael vom Kindergarten nach Hause kam, sagte seine Mutti: »Heute gehen wir in den Zirkus.« Michael freute sich, und nach dem Mittagessen machten sie sich auf den Weg. Von weitem hörte man schon die Musik der Zirkuskapelle. Sie kamen zum Zirkuszelt, an dem viele bunte Fahnen wehten. Mutti kaufte Eintrittskarten. Im Zelt durften sie sich auf einen guten Platz mit schöner Aussicht setzen. Nun begann das Programm. Zuerst kam der Zirkusdirektor. Er begrüßte die Zuschauer und wünschte ihnen gute Unterhaltung! Viele buntgeschmückte Elefanten trabten in die Manege.

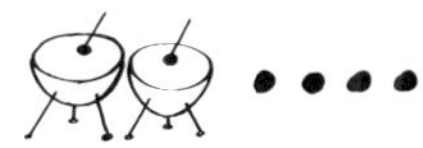

Sie stiegen auf kleine Podeste und versuchten auf einem Bein zu stehen. Das ist für Elefanten sehr schwer. Nach diesen und anderen Kunststücken trabten sie wieder aus der Manege.

Der Vorhang öffnete sich, und drei Seehunde watschelten herein. Sie waren sehr drollig, balancierten kleine Bälle auf ihren Nasen und klatschten mit ihren Vorderflossen im Takt.

Nach den Seehunden purzelten viele Clowns durchs Zirkuszelt. Sie schlugen Räder und zeigten viele lustige Kunststücke.

Wilde Reiter galoppierten auf ihren Pferden durch die Manege. Sie schlugen Saltos und sprangen von einem Pferd aufs andere.

Hoch oben in der Zirkuskuppel balancierte eine Seiltänzerin. Langsam setzte sie Fuß vor Fuß. In einer Hand hielt sie einen Schirm, um besser das Gleichgewicht halten zu können.

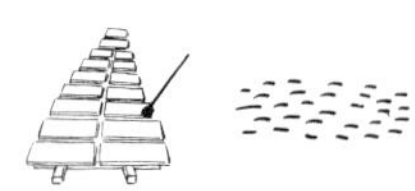

Dann schlichen die Löwen, schwarzen Panther und die gestreiften Tiger in den Raubtierkäfig.

Dort mußten sie, auf Befehl des Dompteurs, durch Reifen und über Hocker springen.

Die Zuschauer applaudierten zum Schluß der Vorstellung.

Peter auf dem Volksfest

Peter wohnte in einer kleinen Stadt. Jedes Jahr im Frühling gab es ein Volksfest. Bierzelte und Weinhallen wurden aufgebaut. Es gab auch einen herrlichen Rummelplatz für Kinder, den natürlich auch große Leute besuchen durften.
»Opa, gehst du mit mir auf den Rummelplatz?« fragte Peter. Opa wollte, und so marschierten sie los.

Von weitem hörten sie schon Musik, und die Glocke des Karussells bimmelte laut.

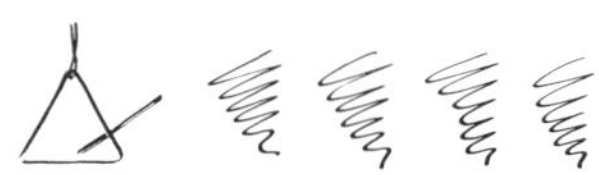

»Einsteigen zur nächsten Fahrt!« rief der Besitzer. Peter setzte sich auf ein wippendes Pferd. Auf und ab gings,

während sich das Karussell mit den Hirschen, Schwänen und vergoldeten Kutschen drehte.

Da läutete die Glocke,

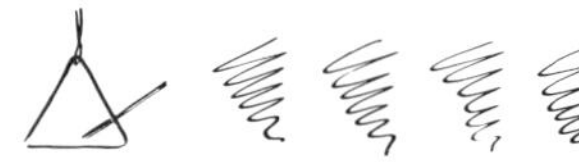

und die Fahrt war zu Ende. Peter und Opa marschierten bis zur Geisterbahn.

Peter betrachtete die schaurigen Gestalten, deren rote Augen blitzten. Hoch oben schwebte ein Gespenst.

»Ich möchte lieber Achterbahn fahren, darf ich?« fragte Peter. Sie gingen zur Achterbahn,

setzten sich in den ersten Wagen, und los ging die Fahrt. Zuerst langsam nach oben.

Von dort aus hatte man eine gute Aussicht, aber plötzlich fuhren sie steil bergab. Peter bekam fast keine Luft mehr. So ging es einige Male hinauf und herunter.

Nun war die Fahrt zu Ende, Peter war ein bißchen schwindlig. »Jetzt kaufen wir uns Schweinsbratwürstel!« sagte Opa, und sie marschierten dem guten Duft nach.

Nach der Stärkung kamen sie zu einer Schießbude. Da konnte man mit Bällen wippenden Plastikmännern die Hüte vom Kopf schießen. Das war lustig. Opa zielte, und bum –

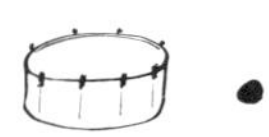

fiel der erste Hut. Nun versuchte es Peter, und schwupp –

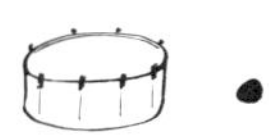

fiel der zweite Hut. Peter bekam dafür eine rote Plastikrose. »Die bring ich Mutti!« sagte Peter und steckte die Rose ins Jackenknopfloch.
Als sie beim Zuckerwattestand vorbeikamen, kaufte Opa zwei Stangen Zuckerwatte; eine weiße für Peter und eine rote für sich. Damit marschierten sie nach Hause. »Danke, Opa!« sagte Peter, »das war ein schöner Nachmittag.«

Nachts im Spielzeugladen

Bewegungen der Kinder		**Bewegungsbegleitung**
wie Puppen tanzen		*Rassel*
wie Teddys tapsen		*Trommel*
wie Hampelmänner springen		*Wooden Agogo*

Das Schlagen der Turmuhr wird durch das Spielen auf dem *Metallophon* verdeutlicht.

Es war sechs Uhr abends. 

Der alte Spielzeugverkäufer stellte alle Spielsachen auf ihren Platz. Die elegante Gliederpuppe mit ihrem weißen Spitzenkleid setzte er neben den Teddy. Die Eisenbahn mit der schwarzen Lokomotive ließ er zum Bahnhof zurückfahren. Den Hampelmann hängte er auf einen Nagel. Das bunte Spielzeugglockenspiel stellte er auf den Kasten.

Dann sperrte er das Geschäft zu und ging nach Hause. Die alte Turmuhr schlug 12.

Da wurde es im Spielzeugladen lebendig. Die Eisenbahn mit der schwarzen Lok pfiff: uuuuuuuuu …
und fuhr los. Das weckte den Hampelmann. Auch der braune Teddy und die Puppe wurden wach. »Was machen wir jetzt?« fragte der Teddy. »Ich möchte gern tanzen«, sprach die Puppe und strich über das Spitzenkleid. »Ich auch«, rief der Hampelmann von der Wand.

Mundgeräusche

»Wir haben doch keine Musik«, sagte der Teddy und wakkelte mit seinem Kopf.

»Ich mach für euch Musik«, tönte das Glockenspiel und spielte eine schöne Melodie.

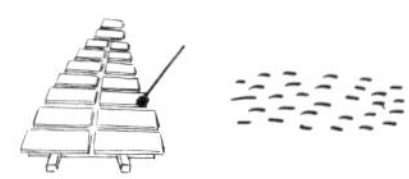

Nun tanzte die Puppe mit kleinen Schritten.

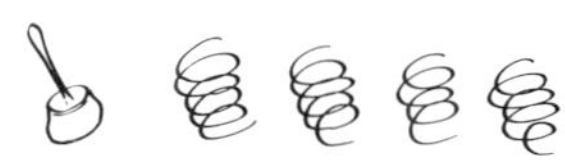

Der Teddy tapste von einem Bein aufs andere.

Der Hampelmann tanzte mit seinen Armen und Beinen, auf und ab, und auf und ab.

Alle Spielsachen bewegten sich zur Musik.

alle Instrumente gemeinsam

Die Turmuhr schlug eins.

Da hörte das Spielzeugglockenspiel auf zu spielen. Die Puppe, der Teddy und der Hampelmann waren wieder ruhig. Die Eisenbahn mit der schwarzen Lok fuhr zum Bahnhof.

Als am Morgen der Spielzeugverkäufer den Laden aufsperrte, war alles wie am Abend. Nur der Teddy hielt seinen Kopf ein bißchen schief. Er träumte von der schönen Glockenspielmusik.

Es schneit …

Als Flori am Morgen aus dem Fenster schaute, sah er dicke weiße Flocken vom Himmel fallen. Es hatte die ganze Nacht geschneit. Große Schneepflüge schoben den Schnee von der Straße und bauten Schneehaufen vor den Häusern.

»Heute geh' ich auf unseren Berg hinterm Haus Schlitten fahren«, sagte Flori zu seiner Mutti.

Am Nachmittag war es so weit. Er zog sich warm an und lief in den Keller.

Dort stand sein Schlitten. Langsam trug er ihn über die Stufen zur Tür hinaus.

Draußen schneite es immer noch, und viele Schneeflocken tanzten Flori ins Gesicht.

Er mußte über große Schneehaufen steigen

und trotzdem den Schlitten mitziehen.

Endlich kam er beim Schlittenberg an. Viele Kinder waren dort und hatten ihre Rodelschlitten mit.

Langsam marschierte Flori den Berg hinauf.

Nun durfte er sich auf den Schlitten setzen, und abwärts ging die Fahrt.

Das war lustig, und er probierte es wieder und wieder.

Nach einiger Zeit bekam er kalte Hände und ging nach Haus. Er stieg über die Schneehaufen,

den Schlitten zog er hinter sich her.

Zu Hause trug er ihn in den Keller.

Als Flori später aus dem Fenster sah, schneite es immer noch.

Der gutmütige Schneemann

Bewegungen der Kinder		**Bewegungsbegleitung**
wie Vögel fliegen	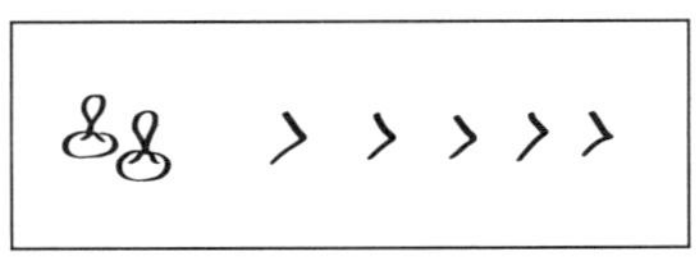	*Fingercymbeln*
wie Mäuse trippeln	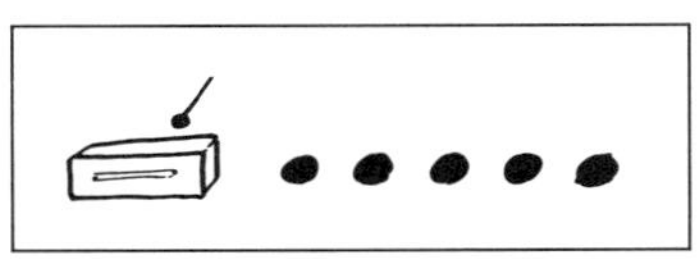	*Holzblocktrommel*
wie Hasen hoppeln	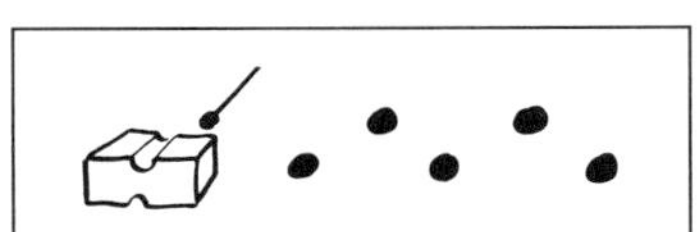	*Röhrentrommel oder Wooden Agogo*
wie steifgefrorene Schneemänner dastehen	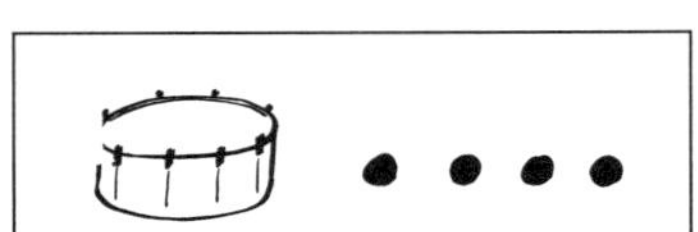	*Trommel*

Es war einmal ein großer dicker Schneemann. Der hatte einen großen dicken Bauch. Im Gesicht saßen zwei Kohlenaugen und eine lange Karottennase. Auf dem Kopf trug er einen schwarzen Zylinderhut. Er war wirklich ein schöner Schneemann.

Eines Tages flog ein Vogel zu ihm hin und zwitscherte: »Bitte, lieber Schneemann, laß mich unter deinen Hut fliegen, mir ist so kalt!« – »Ja, ja«, sagte der Schneemann, »komm nur herein.« Und der Vogel flog unter seinen Hut.

Bald darauf trippelte eine kleine Maus vorbei.

Sie piepste: »Bitte, lieber Schneemann, laß mich unter deinen Hut kriechen, mir ist so kalt!« – »Ja, ja«, antwortete der Schneemann, »komm nur herein.« Und die kleine Maus trippelte unter seinen Hut.

Da hoppelte ein Hase zu ihm hin und fragte: »Bitte, lieber Schneemann, gib mir deine Karotte, ich hab' so großen Hunger!«

»Ja, ja«, sagte der Schneemann, »nimm sie!« Der Hase holte sich die Karotte und hoppelte davon.

Nun stand der Schneemann ohne Nase da. Am nächsten Tag kamen die Kinder, die den Schneemann gebaut hatten, und wunderten sich über das Fehlen der Karotte. Schnell besorgten sie eine neue und steckten sie dem Schneemann ins Gesicht.

Da freute sich der Schneemann und wackelte sogar mit seinem Kopf. – Aber nicht wild, damit der Vogel und die kleine Maus in seinem Hut nicht gestört wurden.

Sabine am Christkindlmarkt

Es ist Winter. Die ersten Schneeflocken fallen vom Himmel.

Am Platz vor der Kirche stellen die Händler ihre Stände für den Christkindlmarkt auf.

Der Maronibrater packt seinen Kohlenofen aus und versucht das Feuer zu entzünden.

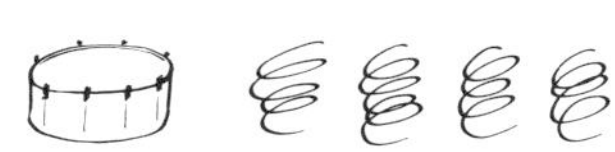

Am ersten Adventsonntag gehen Sabine und ihre Eltern in die Kirche. Nach der Abendmesse darf sich Sabine ein Andenken vom Weihnachtsmarkt aussuchen. Sie wandert mit ihren Eltern von einem Stand zum anderen.

Beim ersten Stand hängen buntbemalte Glaskugeln an goldenen Bändern und Tannenzapfen mit silbernen Glocken, die leicht im Wind klingeln.

Sie stapfen weiter durch den Schnee

und kommen zu einem Stand, in dem frische Bauernkrapfen in der Pfanne brutzeln.

Die Mutter kauft drei Stück. Einen für Vater, einen für Sabine und einen für sich. Sie gehen weiter

und kommen zu einem Spielzeugstand. Viele Spielsachen sind dort ausgestellt. Puppen, Teddys, Autos und Hampelmänner. Am besten gefällt Sabine ein Kasperl, der eine Treppe hinunterspringt. Dabei erklingt auf jeder Stufe ein anderer Ton.

»Den möcht ich gern haben! Bitte!« bettelt Sabine, und Vati kauft ihr das versprochene Andenken. Viele Stände gibt es noch am Christkindlmarkt. Stände mit Süßigkeiten und Lebkuchenherzen. Stände mit Räuchermännchen und Holzspielen, und einen Stand mit Pelzmützen und Wollfäustlingen. Sabine und ihre Eltern sehen sich alles ganz genau an.

In der Mitte des Kirchplatzes steht ein großer Tannenbaum, der mit vielen Lichtern geschmückt ist.

Sabine schaut den Baum lange an. Sie freut sich aufs Weihnachtsfest. »Vielleicht steht bei mir zu Hause dann auch so ein Christbaum«, denkt Sabine und geht mit ihren Eltern glücklich nach Hause.

Drei Könige suchen das Christkind

Drei Könige ritten durch die Wüste. Sie hießen Kaspar, Melchior und Balthasar.

Kaspar ritt auf einem Pferd,

Melchior auf einem Kamel

und Balthasar auf einem Elefanten.

Sie kamen von weither und folgten einem Stern, der am Himmel leuchtete. Der Stern führte sie in eine Stadt mit dem Namen Bethlehem. Sie kamen zu einem prächtigen Haus mit goldenen Kuppeln und eisernen Toren.
Die drei Könige ritten darauf zu.

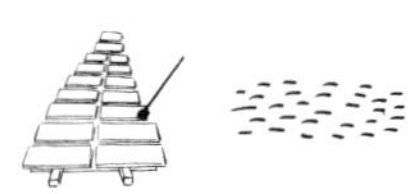

Kaspar auf seinem Pferd,

Melchior auf seinem Kamel

und Balthasar auf seinem Elefanten.

»Hier wurde das Christkind geboren«, rief Balthasar. Aber als sie zum Stern blickten, sahen sie, daß dieser weiterzog.

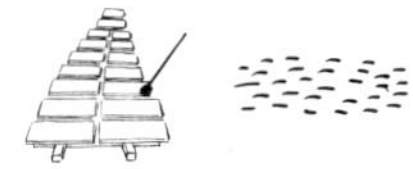

Auch die Könige ritten weiter, dem Stern nach.

Kaspar auf dem Pferd,

Melchior auf seinem Kamel

und Balthasar auf seinem Elefanten.

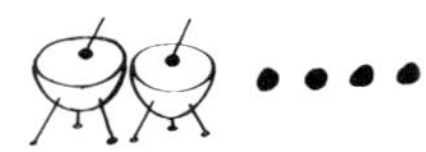

Der Stern führte sie durch die Stadt.

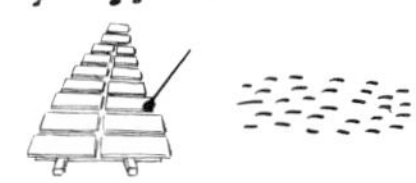

Weit draußen auf einem Feld sahen sie einen Stall. Vor dem Stall liefen viele Schafe unruhig hin und her und blökten.

Der Stern blieb über dem Stall stehen und leuchtete heller als je zuvor.

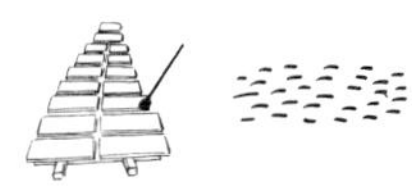

Als sie zum Stall kamen, sahen sie Maria, Josef und ein Kind. »Das ist das Christkind«, flüsterte Melchior und packte sein Geschenk aus, das er dem Kind zu Füßen legte. Auch die beiden anderen brachten Geschenke. Maria und Josef bedankten sich, und die drei Könige ritten zufrieden weg:

Kaspar auf seinem Pferd,

Melchior auf seinem Kamel

und Balthasar auf seinem Elefanten.

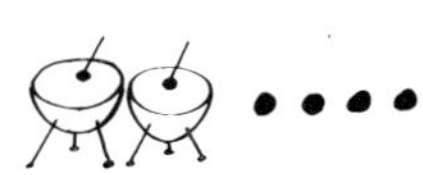

Der Stern blieb über dem Stall stehen, und sein Leuchten verkündete der ganzen Welt, daß in diesem Stall das Jesuskind zur Welt gekommen ist.

Fasching im Kindergarten

Bewegungen der Kinder		Bewegungsbegleitung
wie Indianer tanzen	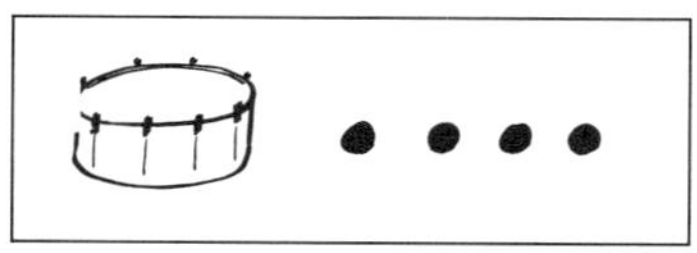	*Handtrommel*
wie Prinzessinnen stolzieren		*Glockenspiel*
wie Kasperle hüpfen	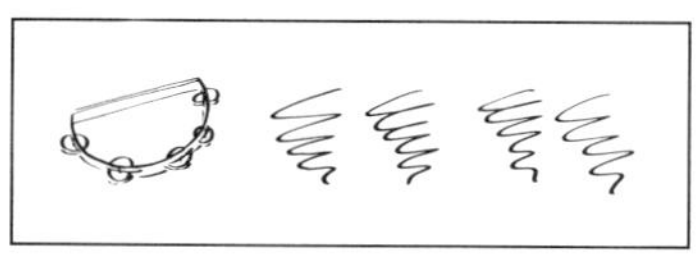	*Schellenkranz*
wie Cowboys reiten	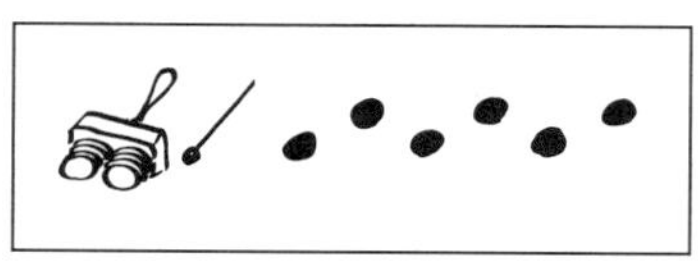	*Wooden Agogo*
wie Rauchfangkehrer klettern	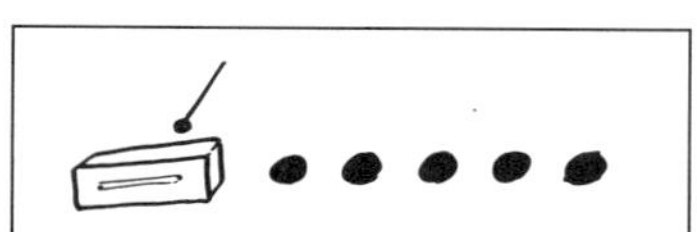	*Holzblocktrommel*

Jedes Jahr im Februar gibt es im Kindergarten ein Faschingsfest. Schon Tage vorher sind die Kinder sehr aufgeregt und fragen: »Wie verkleidest du dich?«
Auch dieses Jahr war es so. Peter fragte seine Kindergartentante: »Welches Kostüm ziehst du an?«
Aber Tante Lisa antwortete: »Das wird eine Überraschung!«
Endlich war Faschingsdienstag, und der Umzug begann.

Viele Buben waren als Indianer verkleidet. Mit ihren bunten Indianerfedern tanzten sie einen Indianertanz.

Dahinter sah man die Prinzessinnen. Sie gingen hoheitsvoll und trugen vorsichtig die goldenen Kronen auf den schön frisierten Haaren.

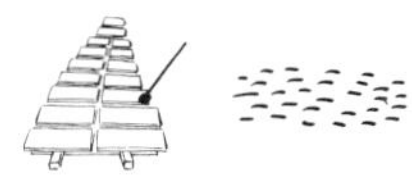

Nun kamen die Kasperle an die Reihe. Sie hüpften und tanzten. Ihre Zipfelmützen bewegten sich lustig im Takt.

Als nächste ritten die Cowboys auf ihren Steckenpferden daher.

Noch viele Masken gingen im Faschingszug mit: Räuber, Polizisten, Schwammerl, Käfer, Mickymäuse und ein Rotkäppchen.

Die Zuschauer freuten sich und klatschten laut in die Hände.

Am Ende des Zuges ging ein Rauchfangkehrer. Er hatte eine Leiter unterm Arm und einen schwarzen Zylinder auf dem Kopf. Sein Gesicht war mit Ruß verschmiert.
»Wer ist denn das?« fragte Peter.
Aber als der Rauchfangkehrer seinen Hut abnahm, erkannten die Kinder ihre Tante Lisa.

Das klingt gut – Klanggeschichten!

Quacki, Felix, Blubberplop
Die Lieder zu den beliebten Klanggeschichten von Elisabeth Wagner

Gesamtspielzeit 60:46 Minuten, ISBN 3-7698-1101-1

Für alle Wager-Fans gibt es jetzt auch eine MC mit allen 25 Liedern aus den bisher erschienenen Klanggeschichtenbüchern und Hörbeispielen zu zwei Geschichten. Die lustigen Lieder sind durch ihre pfiffige musikalische Umsetzung ein echter Ohrenschmaus für Kinder und Erwachsene.

Elisabeth Wagner
Felix, das pfiffige Eichhörnchen
Klanggeschichten und Lieder für Kinder von 3–8

102 S., Illustrationen, Grafiken und Noten, kartoniert, ISBN 3-7698-1100-3

Peter ist der Neue im Kindergarten; er lädt alle kleinen Musikanten ein, ihn durch sein erstes Kindergartenjahr zu begleiten ... Außerdem summen, trippeln und stampfen viele Fantasiefiguren durch die Buchseiten. Die einfachen symbolischen Darstellungen zum Einsatz der Orff-Instrumente machen das gemeinsame Musizieren in Kindergarten und Grundschule spielend leicht.

Elisabeth Wagner
Herr Blubberplop, der Wassermann
Neue Klanggeschichten und Lieder

60 Seiten, Zeichnungen, kartoniert, ISBN 3-7698-0700-6

Blubberplop, der Wassermann, die Ameise Krabbel oder Hafti, das verschnupfte Kamel sind nur drei der lustigen Tiere und Phantasiefiguren, die in den Klanggeschichten und Liedern durch Bewegung und begleitendes Musizieren zum Leben erweckt werden.
Die einfachen grafischen Notationen für Körper- und Orff-Instrumente unterstützen die Arbeit in Kindergarten und Grundschule.